„Und endlich konnten wir reden …"

Rachel de Boor, Jo Frank,
Sonya Ouertani, Hakan Tosuner (Hg.)

„Und endlich
konnten wir reden ..."

Eine Handreichung zu jüdisch-
muslimischem Dialog in der Praxis

HERDER
FREIBURG · BASEL · WIEN

 Diese Publikation wurde durch die Unterstützung der Leo Baeck Foundation ermöglicht.

Karov-Qareeb ist ein Projekt der *Dialogperspektiven. Religionen und Weltanschauungen im Gespräch* und wurde vom Ernst Ludwig Ehrlich Studienwerk und dem Avicenna-Studienwerk initiiert.

Redaktionelle Mitarbeit: Stephanie Haerdle

Das Projekt Karov-Qareeb wurde gefördert von:

  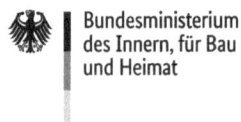

Satz: ZeroSoft, Timisoara
Herstellung: CPI books GmbH, Leck

Printed in Germany

ISBN 978-3-451-38842-2

Inhalt

Vorwort.. 7
Von Jo Frank und Hakan Tosuner

Hinführung.. 14
Von Sonya Ouertani und Rachel de Boor

Theoretische Vorüberlegungen
und aktueller Stand in Deutschland

Jenseits von Al-Andalus: Gedanken zum jüdisch-
muslimischen Gespräch............................. 20
Von Prof. Dr. Frederek Musall

Jüdisch-muslimischer Dialog – ein kurzer Einblick in ein
dynamisches Feld.................................. 30
Von Larissa Zeigerer

Praktische Umsetzung

Praktische Umsetzung und Veranstaltungskonzeption für
jüdisch-muslimische Allianzen...................... 38
Von Sonya Ouertani

Wie wir reden: Richtlinien für eine gelingende
Kommunikation..................................... 49
Von Hani Mohseni

Religiöse Praxis in der Bildung jüdisch-muslimischer
Allianzen...   60
Von Cecilia Haendler

Der Elefant im Raum oder warum der Nahostkonflikt als
Gesprächsthema in jüdisch-muslimischen Gesprächskreisen
nicht ausgespart werden sollte........................   69
Von Gil Shohat

Reflexionseinheiten im jüdisch-muslimischen Dialog ...   81
Von Larissa Zeigerer

Ergebnisse sichern: Nachhaltigkeit im muslimisch-
jüdischen Dialog......................................   90
Von Liora Jaffe

Leitfaden...   101

Nachwort: Karov-Qareeb. Oder warum wir jetzt mehr
Schlagweite brauchen!   122
Von Prof. Dr. Frederek Musall

Autor*innen...   130

Danksagung..   135

Vorwort

Von Jo Frank und Hakan Tosuner

Dass Jüd*innen und Muslim*innen miteinander sprechen wollen, zeigt der große Zulauf, den unsere Dialogformate in den letzten Jahren erlebt haben. Dass wir reden müssen, machen die Ereignisse der letzten Jahre deutlich. Der Austausch, das Entdecken von Gemeinsamkeiten und das Anerkennen von Unterschieden sind von großer Relevanz. Aber auch das Gespräch darüber, wie dem zunehmenden Druck auf beide Gruppen und dem Rechtsruck in Deutschland und Europa *gemeinsam* begegnet werden kann. Dass dieser Dialog für Jüd*innen und Muslim*innen notwendig, anstrengend, lehrreich, lustig, entlastend und vor allem bereichernd sein kann, erleben wir täglich. *„Und endlich konnten wir reden ..."*, das Zitat einer unserer Teilnehmer*innen, fasst das Spektrum der Gefühle junger Muslim*innen und Jüd*innen prägnant zusammen.

Die Handreichung *„Und endlich konnten wir reden ..."* ist das Ergebnis der langjährigen Zusammenarbeit des jüdischen Ernst Ludwig Ehrlich Studienwerks und des muslimischen Avicenna-Studienwerks und Resultat des intensiven Austauschs unserer Stipendiat*innen im Rahmen des jüdisch-muslimischen Thinktanks Karov-Qareeb.

Mit der Handreichung kommen wir einem vielfach an uns herangetragenen Wunsch nach: unsere Erfahrungen im jüdisch-muslimischen Dialog weiterzugeben und das große Bedürfnis nach jüdisch-muslimischen Bündnissen mit einer reflektierenden und wirklichkeitsnahen Publikation zu stärken.

Wir möchten mit der Veröffentlichung Organisationen, Institutionen, Vereinen und Individuen, die konstruktiv und soli-

darisch jüdisch-muslimisches Zusammenleben und -arbeiten gestalten möchten, unterstützen. Deswegen wurde dieser Band als
praxisorientierte und anschauliche „Gebrauchsanweisung" konzipiert. Die veröffentlichten Beiträge reichen von der konkreten
Planung einer Veranstaltung bis hin zu komplexeren Feldern
wie Reflexionen zur Anerkennung der eigenen Hybridität und
fluiden Identität. Die Handreichung soll von Beginn an, von den
ersten Überlegungen zum Start eines neuen Projekts, weiterhel-
fen, aber auch langjährigen Initiativen neue Perspektiven und
Inspirationen für den Dialog aufzeigen.

Wir, die Geschäftsführer der zwei jüngsten deutschen Begabtenförderungswerke, dem jüdischen Ernst Ludwig Ehrlich
Studienwerk (2009 gegründet) und dem muslimischen Avicenna-Studienwerk (2014 gegründet), arbeiten seit Jahren eng und
freundschaftlich miteinander. Als „Minderheiten" teilen wir
eine Reihe von Erfahrungen, positive wie negative, und setzen
uns gemeinsam mit unseren Stipendiat*innen vehement für
Sichtbarkeit, Repräsentation und Teilhabe ein. Die von uns ge-
förderten Studierenden und Promovierenden engagieren sich in
besonderem Maße für die Gesellschaft, wollen sie gestalten und
verändern und sind bereit, dafür ihre Zeit und Kraft einzuset-
zen. Sie suchen auch gezielt den Austausch miteinander. In der
Arbeitsgemeinschaft der Begabtenförderungswerke bilden die
vier Werke Avicenna-Studienwerk (muslimisch), das Bischöf-
liche Cusanuswerk (katholisch), das Ernst Ludwig Ehrlich Studienwerk (jüdisch) und das Evangelische Studienwerk Villigst
(evangelisch) eine spannende und spannungsreiche Interessen-
gemeinschaft. Kaum war das Avicenna-Studienwerk gegründet,
kamen auch schon jüdische und muslimische Geförderte mit
dem Wunsch nach einem gemeinsamen Seminar auf uns zu. Sie
äußerten dabei gleich zwei Wünsche: 1) Es sollen neben theo-

Jo Frank und Hakan Tosuner

logischen auch verstärkt gesellschaftspolitische Fragestellungen im Fokus eines Seminars stehen, und 2) es solle von ELES und Avicenna ein geschützter Raum für die gemeinsame Arbeit gestellt werden. Schon im Frühjahr 2015 fand unser erstes gemeinsames Seminar in der W. Michael Blumenthal Akademie des Jüdischen Museums Berlin statt. Doch „safe" oder „gesichert" trifft diesen Raum nur strukturell, also im Sinne eines nichtöffentlichen, aber offenen Raumes. Wir erinnern uns noch lebhaft an diese Begegnung: „Mehrheiten und Minderheiten" war unser Thema. Die Debatten waren hitzig, es gab Verletzungen und Vorurteile, Dissens und Streit. Eines gab es jedoch schon beim ersten gemeinsamen Seminar nicht: Schweigen. „Und endlich konnten wir reden ..." – nicht *übereinander,* sondern *miteinander.*

Erstaunen und Empathie, Enthusiasmus und Einigkeit – auch das waren Ergebnisse des ersten Aufeinandertreffens: Ergebnisse, auf die wir in den vergangenen Jahren aufbauen konnten und weiter aufbauen. Diese positiven (Zwischen-)Ergebnisse wären aber nicht ohne Streit und Dissens, ohne Vorurteile und Verletzungen erzielt worden. Diese gehören zu einem offenen und an Veränderung orientierten Gespräch notwendig dazu. Deshalb sparen wir in unserem Dialog nie das aus, was weh tut – wir suchen die Konfliktstellen und bearbeiten diese gemeinsam. Im muslimisch-jüdischen Gespräch gehört es allein schon aus religiösen Gründen dazu, dass Differenz nicht nur akzeptiert wird, sondern dass wir sie als eine Basis sehen, die fruchtbar gemacht werden kann: Wir werden uns im Religiösen nie einig, das ist und darf kein Ziel unserer Gespräche sein. Mit der Anerkennung dieses fundamentalen Dissenses können wir arbeiten: Wir können Themen identifizieren, die wir gemeinsam vertreten können, können gesellschaftliche Phänomene gemeinsam verändern, können Konflikte und Spannungen als Modi des Verstehens begreifen. Es gibt aber Konflikte, die gemeinsam zu bearbeiten besonders schmerzlich sein kann: der Nahostkonflikt, Antisemitismus, anti-muslimischer Rassismus. Den Nahostkonflikt werden wir nicht lösen, und auch unsere Perspektiven auf den Konflikt lassen sich nicht vereinheitlichen. Aber die menschlichen Dimensionen des Konflikts kennenzulernen, den anderen mit ihren Schmerzen, ihrer Wut und ihrer Trauer zuzuhören, dafür brauchen wir und dafür bieten wir einen Rahmen. Auch hier: „Endlich konnten wir reden …". Zu Antisemitismus wie auch zu antimuslimischem Rassismus haben wir einen gemeinsamen praxisorientierten Zugang erarbeitet: Wir wissen, dass es Antisemitismus innerhalb der muslimischen Community gibt, und wir wissen, dass es antimuslimischen Rassismus in der jüdischen Community gibt. Unsere Arbeit auf diesen Gebieten ist von ähnlichen Fragestellungen geprägt: 1. Wie können wir beide grundsätzlich zu unterscheidende Phänomene erkennen? Und 2. Wie können wir innerhalb wie außerhalb unserer Communitys gegen Antisemitismus und antimuslimischen Rassismus vorgehen? Eine Antwort haben wir im Herbst 2019 gefunden, als eine Woche nach dem rechtsterroristischen Anschlag in Halle ein Stipendiat des Ernst Ludwig Ehrlich Studienwerks in Freiburg tätlich angegriffen wurde: Wir organisierten in wenigen Tagen eine gemeinsame Veranstaltung in Freiburg, bei der wir mit Stipendiat*innen aller 13 Begabtenförderwerke über Möglichkeiten eines entschlossenen Handelns gegen Antisemitismus und *für* eine offene und plurale Gesellschaft diskutierten. Der ELES-Stipendiat hatte kurz nach dem antisemitischen Angriff in Freiburg kommentiert: „Ein Jude in Not ist in Deutschland alleine." Am Ende der gemeinsamen Veranstaltung sagte er: „Jetzt weiß ich: Ich bin nicht allein."

Jo Frank und Hakan Tosuner

Die gegenseitige Solidarität, das gemeinsame Eintreten füreinander – das ist *die* Antwort auf viele Fragestellungen, die wir im Rahmen des jüdisch-muslimischen Dialogs bearbeiten.

In der Arbeit mit Partner*innen der Zivilgesellschaft ist die Beantwortung einer weiteren Frage notwendig: Wie können wir falschen Zuschreibungen, wie können wir Vorurteilen und wie können wir dem gegenseitigen Ausspielen von Jüd*innen und Muslim*innen von Seiten der nichtjüdischen, nichtmuslimischen Gesellschaft entgegentreten? Ein Weg, den wir gehen, ist der der Präsenz: Die Vielfalt jüdischen wie muslimischen Lebens wie auch die vielfältigen Initiativen, Institutionen und Bündnisse, die in unserem Feld aktiv sind für eine plurale Gesellschaft – diese Vielfalt müssen wir zeigen, und sie gemeinsam verteidigen.

Jüd*innen und Muslim*innen gestalten die deutsche und europäische Gesellschaft schon lange mit. Wir sind Teil dieser Gesellschaft und halten sie auch zusammen. Aber wir fordern sie auch heraus: mit dem Ziel eines *neuen* gesellschaftlichen Zusammenhalts. Dass Minderheiten sich für eine Vielfaltsverteidigung innerhalb der Gesellschaft einsetzen und Repräsentation und Teilhabe für diesen neuen Zusammenhalt einfordern, ist dabei nicht verwunderlich.

Beide Begabtenförderungswerke betonen aber auch die Notwendigkeit der Allianzen- und Bündnisbildung. Hier sind keinesfalls nur die „Minderheiten" selbst gefragt, sondern gerade auch Allianzen und Bündnisse mit Akteur*innen der Mehrheitsgesellschaft. Pluralität als wesentliche und wertvolle Ressource für unsere gemeinsame Gesellschaft zu begreifen – dafür steht unsere Zusammenarbeit.

2019 haben wir den jüdisch-muslimischen Thinktank Karov-Qareeb ins Leben gerufen. „Karov" (hebräisch) und „qareeb" (arabisch) bedeuten „Annäherung" oder „Nähe". So steht bereits der Name sowohl für den Prozess als auch für das Ziel unserer Initiative. Karov-Qareeb ist in das Programm *Dialogperspektiven. Religionen und Weltanschauungen im Gespräch* eingebettet. Die *Dialogperspektiven* richten sich an Studierende und Promovierende aus der Europäischen Union und Großbritannien. Ziel ist die Entwicklung und Etablierung neuer und innovativer Formen des interreligiös-weltanschaulichen Dialogs. Das Programm positioniert sich ausdrücklich im Rahmen eines neuen, gesellschaftsorientierten Dialogs. Hier wird kein klassischer interreligiöser und theologischer Dialog geführt, die Gespräche beginnen aus oben bereits skizzierten Gründen auf einer gesellschaftspolitischen Ebene.

Viele der Autor*innen dieser Handreichung sind ehemalige Teilnehmer*innen der *Dialogperspektiven*. Durch ihre Teilnahme an dem Programm, während der Seminare und Konferenzen und der gemeinsamen Arbeit eines Programmjahres wurden sie mit Tools ausgestattet, die sie befähigen, im jüdisch-muslimischen Gespräch – sei es im Rahmen von Karov-Qareeb oder in anderen Initiativen – als Multiplikator*innen zu agieren. Sie haben ihre Zeit und ihre Expertise investiert, in dieser Handreichung Aspekte und Schwerpunkte jüdisch-muslimischer Begegnungen darzulegen und in eine praktische Anleitung für jüdisch-muslimische Dialogformate zu übersetzen.

„Und endlich konnten wir reden ...", der Titel der Handreichung, drückt einen wichtigen Aspekt unseres Vorhabens aus. Wichtig ist uns aber auch, dass wir den *Safe Space,* den geschützten Raum, immer wieder verlassen. Die Covid-19-Pandemie hat noch nicht abzuschätzende Folgen für Europa und die Weltgemeinschaft. Wie wir als Gesellschaft mit dieser Krise umgehen, erzählt etwas über die Verfasstheit unserer Gesellschaft. Wir betrachten

Jo Frank und Hakan Tosuner

das Auseinanderdriften von Menschen und Staaten mit Sorge: Alte und Junge, Gesunde und Kranke, „Superspreader" und „Risikogruppen" werden zu neuen Antipoden, statt Gesellschaft als Solidargemeinschaft zu denken. Für jede Allianz gilt, dass sie in einer Art Balanceakt gleichzeitig *Safe Space* für diejenigen ist, die sich dort treffen und austauschen – und dass sie Wege finden muss, sich gestärkt wieder aus diesen Räumen hinauszubewegen und sich einzumischen.

An dieser Stelle setzt die Arbeit von Karov-Qareeb und den *Dialogperspektiven* an und vielleicht auch Ihre Arbeit. Und deshalb haben wir diese Handreichung so konzipiert, wie sie nun vor Ihnen liegt. Als pragmatische, vielseitige, ermutigende und praxisorientierte Anleitung zum jüdisch-muslimischen Dialog. Betrachten Sie sie bitte auch als Fortführung des Titels: als Aufforderung, nicht beim Reden zu bleiben. Wir wollen Gesellschaft neu denken und wir wollen handeln. Gemeinsam.

Hinführung

Von Sonya Ouertani und Rachel de Boor

Wir beide sind seit langem im jüdisch-muslimischen Austausch aktiv. Solche Begegnungen zu organisieren und langfristig erfolgreich durchzuführen, ist weder schnell noch einfach auf die Beine gestellt. Uns war deswegen wichtig, mit dieser Publikation sehr konkret Vorhaben zu unterstützen und dafür unsere jeweiligen Erfahrungen zu bündeln und nutzbar für andere zu machen. Eine Grundüberlegung dieser Publikation ist also, dass wir aus der Praxis berichten und mit konkreten Beispielen den Aufbau eigener Projekte unterstützen möchten. Wir halten gerade den praxisorientierten Ansatz, der auf langfristige Beziehungsbildung angelegt ist, für *den* geeigneten Weg, stabile, effektive und belastbare jüdisch-muslimische Bündnisse und Allianzen aufzubauen und zu pflegen.

Ein zweiter wichtiger Aspekt ist die Relevanz intersektionaler Ansätze in der gemeinsamen Arbeit: die Beobachtung, dass für den Dialog eben nicht nur die religiösen Bekenntnisse einzelner Mitwirkender ausschlaggebend sind. Wenn jüdische und muslimische Menschen aufeinandertreffen, ist dies nicht zwangsläufig eine ausschließlich interreligiöse Begegnung. Weltanschauliche Vorstellungen spielen eine entscheidende Rolle in der Entwicklung von jüdisch-muslimischen Perspektiven und Allianzen. Nur durch einen explizit intersektionalen Ansatz wird die reale Vielfalt sichtbar und Teilhabe für alle Jüd*innen und Muslim*innen ermöglicht: als queere Personen, Nachfahren von Migrant*innen verschiedenster Kulturen, traditionelle, verschieden religiöse, säkulare Individuen, als Philosoph*innen, Lehrer*innen, Elektriker*innen oder Ingenieur*innen ... Zudem kann hierdurch auch ein Ansatz der exklusiven und homogenen Gruppenzugehörigkeit von „wir sprechen mit *euch*" problematisiert und dekonstruiert werden.

Die Textbeiträge in diesem Band beschäftigen sich damit, wie eine differenzierte Auseinandersetzung mit eigenen Wahrnehmungen stattfinden kann, um ein Verständnis füreinander zu entwickeln, Selbstbewusstsein zu schaffen und inklusives Zusammenleben in der Gesellschaft zu gestalten. Wir haben unsere Autor*innen gebeten, ihre Erfahrungen in Dialogformaten zu reflektieren und unter unterschiedlichen Gesichtspunkten zu diskutieren. Wichtig war uns dabei immer, dass sie ihre Zugänge als Empfehlungen und Denkanstöße weitergeben, um damit Menschen zu unterstützen, die sich, wie sie selbst, auf unterschiedlichen Etappen der jüdisch-muslimischen Zusammenarbeit befinden.

Vorangestellt ist ein Beitrag, der in theoretische Fragestellungen einführt und über die historische Genese gegenwärtiger Facetten des jüdisch-muslimischen Dialogs informiert. Prof. Frederek Musall, einer der wichtigsten Expert*innen des Themenfeldes, stellt dar, inwieweit uns heute eine differenzierte Betrachtung historischer jüdisch-muslimischer Beziehungen helfen kann, und plädiert für neue Selbstbilder und Allianzen.

Larissa Zeigerer gibt einen kursorischen Überblick über die junge Geschichte des jüdisch-muslimischen Dialogs in Deutschland. Sie stellt einige der vielfältigen Initiativen vor und informiert über deren Motivation und Zielsetzung.

Was bei der Planung von jüdisch-muslimischen Veranstaltungen berücksichtigt werden muss, beantwortet Sonya Ouertani in ihrem Text: Welche Fettnäpfchen gibt es und welche Faktoren wirken sich wie auf das Gelingen aus? Ouertani beginnt ihren Text mit ähnlich klaren Worten wie Frederek Musall: An ideale

Bedingungen und Lösungen, die alle zufriedenstellen, kann man sich nur herantasten. Diese erfrischend-nüchterne Feststellung überzeugt damit, die Veranstaltungskonzeption als wichtige Gruppenaktivität selbst zu betrachten.

Kommunikation steht im Zentrum des Beitrags von Hani Mohseni. Er analysiert die Möglichkeiten und Bedingungen von Kommunikationsdynamiken zwischen Individuen, die, diversen kollektiven Identitäten zugehörig, unterschiedliche Perspektiven einbringen. Mohsenis Beispiele für Fehlkommunikation und wie man diesen Situationen durch Methoden wie dem wohlwollenden Zuhören besser begegnen kann, zeugen von seinem breiten Erfahrungsschatz und der Bereitwilligkeit, bei jeder Begegnung dazuzulernen.

Wie können religiöse Inhalte und die religiöse Praxis für den Aufbau von jüdisch-muslimischen Beziehungen genutzt werden? Cecilia Haendler stellt eine ganze Reihe kreativer Ideen vor. Die skizzierten Formate eignen sich für unterschiedlich große Gruppen und zielen insbesondere auf das gemeinsame Erleben „alternativer" Momente jenseits von säkularen oder christlich geprägten Festen und Zeiten ab.

Erst Dialogformate schaffen, aber dann nur angenehme Dinge besprechen? Manche Themen, findet Gil Shohat, stehen sowieso als „Elefant im Raum". Auch wenn es natürlich gerechtfertigt sei, dass sich in Deutschland lebende Jüd*innen und Muslim*innen nicht mit dem Nahostkonflikt beschäftigen, zeigt Shohat, warum man das Thema theoretisch und praktisch nicht ganz ausklammern muss – und was passieren könnte, wenn man den Elefanten endlich adressiert.

Es reicht nicht, sich ausschließlich über Themen auszutauschen, erklärt Larissa Zeigerer und fordert, Reflexionseinheiten in die Veranstaltungen zu implementieren. Sie erläutert Modelle, die beispielsweise eine Atmosphäre schaffen, in der das individuelle Erleben artikuliert oder Gruppendiversität ausdrücklich angesprochen werden kann.

Liora Jaffe plädiert dafür, Begegnungsprojekte nachhaltig zu konzipieren: und zwar von Anfang an. Sie thematisiert die Wichtigkeit, alle Teilnehmer*innen in die Prozesse einzubinden, informiert über Vertrauensaufbau, Dokumentation und Institutionalisierung.

Anhand unseres Leitfadens können Sie schließlich ganz konkret mit der Planung Ihrer Veranstaltung beginnen. Der Leitfaden begleitet Sie Schritt für Schritt bei allen Aspekten Ihres Dialogprojektes und ist für uns der Kern dieser Publikation. Vielfältige „Tipps aus der Praxis" informieren und geben pragmatisch und unkompliziert Hilfestellung.

Wir möchten Sie ausdrücklich daran erinnern, dass Begegnungen Prozesse sind, die von vielen Faktoren abhängen und die vor allem immer wieder durchlaufen werden müssen. Niemand kann diesen Weg besser gehen als Sie selbst! Wir wünschen viel Erfolg und Freude dabei!

Theoretische Vorüberlegungen
und aktueller Stand in Deutschland

Jenseits von Al-Andalus: Gedanken zum jüdisch-muslimischen Gespräch

Jüdisch-muslimische Dialogprojekte stehen hoch im Kurs, sie gelten als Zeichen der Hoffnung in einer zunehmend aufgeladenen Stimmung. Doch damit solche Projekte funktionieren, reicht es nicht, eine idealisierte friedvolle Vergangenheit zu beschwören. Denn die Beziehungen von Jüd*innen und Muslim*innen waren immer schon vielschichtig und komplex.

Von Prof. Dr. Frederek Musall

Things in life aren't always quite what they seem/
There's more than one given angle to any one given scene/
So bear that in mind next time you try to intervene/
On any one given angle to any one given scene
Dan le Sac vs. Scroobius Pip, „Angles"

Im November 2018 fand in Berlin der 1. Jüdische Zukunftskongress statt. Auch ich war eingeladen, um auf einem Podium zu „Neue Allianzen: Wie gelingt jüdisch-muslimischer Dialog?" etwas beizutragen, im Programm ausgewiesen als Experte für jüdisch-muslimische Geschichte. Dementsprechend gestaltete sich auch die an mich gerichtete Eröffnungsfrage, nämlich nach meinem fachlichen Input bezüglich der weit verbreiteten Sehnsucht nach dem Mythos eines goldenen interreligiösen Zeitalters im muslimischen Spanien. Zwischen dem 10. und 13. Jahrhundert. Die Frage kam keineswegs überraschend, war sie doch zuvor mit der Moderatorin abgestimmt worden – nicht zuletzt, weil wir uns sicher waren, dass dies der Erwartungshaltung des überwiegend bildungsbürgerlichen Publikums entsprach. Umso unerwarteter fiel dann sicherlich für viele meine Antwort aus, durch die ich versuchte, dieses Bild eines Goldenen Zeitalters als eine rückwärtsgewandte Projektion einer „Früher-war-alles-besser-Utopie" zu dekonstruieren, es als Mythos zu entzaubern. Historisch betrachtet ist die Vorstellung von der friedlichen Koexistenz unterschiedlicher Religionsgemeinschaften nämlich nicht ganz stimmig. Dass sich das Zusammenleben vermeintlich weniger konfliktreich gestaltete als etwa in Lateineuropa, ist weniger das Ergebnis einer liberal-aufgeklärten Geisteshaltung als vielmehr den damals geltenden normativen und sozialen Rahmenbedingungen geschuldet. Denn anders als in Lateineuropa besaßen religiös Andere, wie Jüd*innen und Christ*innen, Rechtsschutz. Aufgrund ihrer rechtlichen Anerkennung konnten sie in einem gewissen Umfang auch kulturell partizipieren. Allerdings mussten sie als *dhimmi*, als „Schutzbefohlene", spezielle Schutzsteuern zahlen, im öffentlichen Raum galten spezifische Kleidervorschriften oder eine Kenntlichmachung durch farbliche Markierungen. Formen und Kontexte kultureller Teilhabe sollten nicht mit gesellschaftlicher Gleichstellung und -berechtigung verwechselt werden!

Ein häufiges Dilemma, das Wissenschaftler*innen auf öffentlichen Podiumsdiskussionen begegnet, ist, dass wissenschaftliche Differenzierungen aufgrund ihrer Komplexität nicht unbedingt populär sind: Einerseits, weil sie meist viel zu detailliert und weitschweifend ausfallen; und andererseits, weil sie kritisch-bilderstürzend liebgewonnene Mythen hinterfragen und damit auch das Selbstbild derer, die daran festhalten. Folglich ließ bei der abschließenden Fragerunde der auf-/angestaute Unmut dann auch nicht lange auf sich warten: Dass ich als jemand, der sich wissenschaftlich mit dem muslimischen Spanien beschäftigt, doch anerkennen müsse, dass es nach wie vor auch die

Heimat von Geistesgrößen wie Averroes und Maimonides war! Das würde ich ja auch tun, erwiderte ich, schließlich forsche ich seit über zwanzig Jahren darüber. Aber gerade durch meine wissenschaftliche Beschäftigung, durch einen erweiterten Blick, bin ich mir bewusst, dass das oftmals Konstatierte wenig mit dem Leben der beiden zu tun hat: Maimonides und seine Familie mussten vor den Almohaden aus Al-Andalus fliehen, und auch Averroes fiel zeitweise bei diesen in Ungnade, seine Schriften wurden verboten und vermutlich verbrannt. Werden wir den beiden wirklich gerecht, wenn wir uns nur auf die für uns positiven Momente beschränken und das ausblenden, was uns verstört?

Der Schritt von der Mikro- zur Makroebene zeigt vielmehr, dass die 500-jährige Geschichte des muslimischen Spanien komplex, ambig, ambivalent ist; entgegen populärer Darstellungen erzählt sie keine singuläre Geschichte, sondern besteht vielmehr aus einem farbenreichen Mosaik von Geschichten, die von Kooperation und Konflikt, Konvivenz und Krise, Mit-, Gegen- und Nebeneinander handeln. *Wenn wir aus diesen Geschichten etwas für unser heutiges Zusammenleben lernen können, dann, dass jüdisch-muslimische Beziehungen vielschichtig sind, niemals nur schwarz oder weiß, entweder/oder.* Mehr noch: Mittelalterliche Geschichte ist Rekonstruktion und damit nicht selten auch Projektionsfläche eigener Bilder, Vorstellungen, Interessen und Wünsche. Sie vermittelt eben nicht nur ein Bild von der Vergangenheit, sondern verdeutlicht auch, wie wir uns zu unserer eigenen Vergangenheit in Beziehung setzen, was wir uns von ihr versprechen in unserer Suche nach Legitimierungen oder Optionen für unsere Positionierungen und Handlungen im Hier und Jetzt. Das, was wir Geschichte nennen, ist gewissermaßen unser eigenes Narrativ.

Prof. Dr. Frederek Musall

Vielleicht müssen wir von daher die Frage entsprechend anders stellen: nicht fixiert darauf, was wir von diesem Goldenen Zeitalter *für heute* lernen können, sondern warum wir so sehr auf das Bild eines Goldene Zeitalter angewiesen zu sein scheinen, um *für uns* eine aktuelle Perspektive zu entwickeln.

Wir brauchen neue Selbstbilder

Vielleicht blendet uns auch die ganze interreligiös-retuschierte Hochglanzästhetik, macht uns unempfänglich für Polaroid-Schnappschüsse oder grobkörniges Agfa-Schwarz-Weiß für Selbstentwickler. Wir scheinen immer wieder aus dem Blick zu verlieren, dass es auch jüdisch-muslimische Beziehungen jenseits von Goldenen Zeitaltern und Nahostkonflikt, jenseits von Antisemitismus und anti-muslimischem Rassismus gibt – also jenseits von jenen Extremen, die unsere gesellschaftlichen, politischen und schließlich auch medialen Diskurse zu dominieren scheinen. Zugegeben, das klingt und kommuniziert sich weniger spektakulär, sensationell und eindeutig einordbar. Aber meines Erachtens sind es eben all diese „kleinen" Geschichten und nicht die vermeintlichen Meistererzählungen, aus denen wir etwas für unser alltägliches Miteinander erfahren und lernen können: Geschichten, die uns berühren und befremden. Geschichten, die uns in ihrer Vielfältigkeit eine Sensibilität für Multiperspektivik und Multinarrativität eröffnen, uns unterschiedliche Fremdwahrnehmungen und Selbstbilder zugänglich machen.

Diese Multiperspektivik bietet eine besondere Chance, denn sie ermöglicht das Zulassen und Entwickeln neuer Selbstbilder: Selbstbilder, die selbstbestimmt sind, weil sie nicht den Erwartungen und Anforderungen, Bedürfnissen und Interessen Anderer verpflichtet sind oder durch bloße Polemik und Apologetik bestimmt sein müssen. Aber eben auch Selbstbilder, die nicht von absoluten Gewissheiten über sich selbst und über die Anderen getragen sind, die also den Mut haben, eigene Ungewissheiten zuzulassen. Ich teile keineswegs die Meinung des ehemaligen Ratsvorsitzenden der Evangelischen Kirche in Deutschland, Wolfgang Huber, der einmal die Behauptung aufstellte, dass nur der*diejenige wirklich dialogfähig ist, der*die genau weiß, wer sie*er ist. Die Anerkennung und das Aushalten eigener Ungewissheiten, ohne die Gewissheit Anderer als Bedrohung aufzufassen, ermöglicht die so dringend benötigte Kritikfähigkeit und Distanz zu sich selbst, um überhaupt in einen gemeinsamen Reflexionsprozess eintreten zu können.

Wir brauchen #neueallianzen
Darum brauchen wir neue Begegnungsräume und Gesprächsformate, Ermöglichungsstrukturen, die mit den gängigen polemischen und apologetischen Argumentationsmustern radikal brechen. Aktuelle Initiativen, Plattformen und Formate wie beispielsweise der jüdisch-muslimische Gesprächskreis an der W. Michael Blumenthal Akademie, die Kreuzberger Initiative gegen Antisemitismus (KIgA), die Initiative Salaam-Schalom, das Café Abraham, die Jüdisch-Muslimischen Kulturtage (JMKT) in Heidelberg oder eben Karov-Qareeb als gemeinsames jüdisch-muslimisches Thinktank-Projekt des jüdischen Ernst Ludwig Ehrlich Studienwerks (ELES) und des muslimischen Avicenna-Studienwerks. Sie sind gerade in ihrer Unterschiedlichkeit beispielhaft dafür, im Dialog etwas Neues zu wagen, in einem bewussten Wechselspiel zwischen offenen und geschlossenen Räumen. Sie zeigen – angelehnt an das überstrapazierte Diktum Martin Bubers, dass alles wirkliche Leben Begegnung ist. Und dass Begegnung vieles sein kann: inspirierend, irritierend, frustrierend, motivierend. Meistens alles zugleich!

　　　　　　　　　　　Prof. Dr. Frederek Musall

Die eigentliche Herausforderung besteht dementsprechend auch darin, die Gleichzeitigkeit dieser Momente auszuhalten – aber auch eine Veränderung durch die Begegnung zuzulassen, durch die gemeinsame Erfahrung miteinander. Ferner machen diese Initiativen exemplarisch deutlich, dass entgegen populärer Darstellungen das jüdisch-muslimische Verhältnis *nicht* aus der bloßen Gegenüberstellung monolithischer Blöcke besteht, reduziert auf Podiumsformate à la *Rabbi-meets-Imam*.

In Wirklichkeit spiegelt es das Zusammentreffen vielfältiger Wissensbestände und Erfahrungsmomente, Interessen und Bedürfnisse wider, die nicht alle auf der gleichen Gesprächsebene verhandelt werden können. Ein differenzierter Blick auf die beteiligten Akteur*innen offenbart vielmehr die Verflechtungen unterschiedlicher individueller und kollektiver Identitäten. Weil das von Martin Buber geforderte Freimachen jeglicher Bilder, Prägungen und Vor-Urteile in der dialogischen Praxis nicht wirklich greift, ist für mich vielmehr die Anerkennung der eigenen Hybridität und Komplexität wie die der Anderen eine Grundvoraussetzung jeder Form von Dialog! Kopftuch, Feminismus, und Berliner Hipstertum schließen sich ebenso wenig gegenseitig aus wie Koscher, Punk und der SV Werder Bremen. Denn durch eben das, was wir differenziert durch das Prisma der Hybridität betrachten können, setzt sich schließlich das zusammen, was für uns Identität und Authentizität ausmacht.

Mehr noch: Die Entdeckung von unterschiedlichen Berührungspunkten und Überschneidungen eröffnet vielschichtige Perspektiven auf die Anderen und befördert dadurch in einem besonderen Maße, Empathie zu entwickeln. Außerdem wird daran deutlich, dass ein selbstbestimmtes Muslimisch- oder Jüdisch-Sein immer auf beziehungsweise in unterschiedlichen Ebenen und Kontexten ausgehandelt wird.

Es ist durchaus nachvollziehbar, dass angesichts der existierenden Vielfalt von selbstbestimmten Lebensentwürfen klare Zugehörigkeiten und damit Orientierungen erwünscht sind. Aber vielleicht müssen wir uns im Zeitalter der zunehmenden Individualisierung genau dieser Herausforderung stellen, nämlich dass sich eben nicht alles auflösen lässt, dass manche Dinge nun mal komplex und ziemlich unübersichtlich sind. Gerade für religiöse Minderheiten stellt dies im Inneren wie gegenüber dem Außen eine besondere Herausforderung dar, sind sie doch stets um Profilbildung bemüht. Erkenntnis, dass die oft beschworene „Einheit in der Vielfalt" zu suchen und zu vertreten niemals das Festlegen eines *Status quo* ist, sondern immer nur Prozess sein kann; das heißt die „Einheit in der Vielfalt" muss immer wieder im Hinblick auf die Kontexte, in die sie eingebettet ist, neu ausgehandelt und aktualisiert werden.

Wir brauchen eine neue Sichtbarkeit

Entsprechend muss sich auch das jüdisch-muslimische Gespräch aktualisieren und emanzipieren von den binären Verhältnisbestimmungen, den polemischen und apologetischen Kommunikationsmustern, den Freund-Feind-Schemata, dem „Wir gegen die". Nicht nur weil die ständigen Vereinfachungen in einer komplexen Lebenswelt nicht gerade weiterführend sind, sondern weil durch diese eben auch wenig Selbstbestimmtheit und Mut zur Veränderung zum Ausdruck kommt: Den Nahostkonflikt werden wir von hier aus (geo-graphisch gesprochen) nicht lösen können, mit Fragen wie *Jom ha-Azma'ut* versus *Nakba-Day* werden wir uns gegenseitig vermutlich immer befremden.[1] Aber

---

1 Der israelische Unabhängigkeitstag wird im Rahmen palästinensischer Erinnerungskultur als Tag der Katastrophe und der Vertreibung betrachtet.

Prof. Dr. Frederek Musall

vielleicht ist das auch eben nicht das, was das jüdisch-muslimische Gespräch in Deutschland leisten kann und muss. Vielleicht sollten wir unsere Zeit und Energie vielmehr darin investieren, gemeinsam Ziele zu formulieren, wie wir unser gesellschaftliches Miteinander konstruktiv mitgestalten und entsprechend mitbestimmt leben können.

Wenn es die offene Gesellschaft ist, die wir anstreben, kann und darf es niemals nur um ein Begnügen bloßer Teilhabe gehen; vielmehr sind wir als gesellschaftliche Akteur*innen zum aktiven Einbringen und zur aktiven Mitarbeit aufgefordert und verpflichtet. Das Zusammenleben mit Anderen bedeutet eben auch, diesen Anderen das eigene Leben zugänglich zu machen, die eigenen Bedürfnisse und Interessen offen zu kommunizieren. Denn das Bewusstmachen eigener Sensibilitäten ermöglicht im Gegenzug auch, ein Bewusstsein für die Sensibilitäten Anderer zu entwickeln.

Als religiöse Minderheiten in Deutschland bestehen zwischen der jüdischen und muslimischen Community zahlreiche Berührungspunkte, die sich nicht nur auf Fragen religiöser Praktiken von Schächt- oder Beschneidung beschränken oder auf die Tatsachen, dass beide Communitys wesentlich von Migrationserfahrungen geprägt sind oder in einem besonderen Maße von Diskriminierungserfahrungen betroffen sind (leider eben auch vis-à-vis). Jüd*innen und Muslim*innen sind andauernd, individuell wie kollektiv, dazu herausgefordert für sich sinnstiftend zu aktualisieren, was es bedeutet, als Teil einer Minderheit in einem gesamtgesellschaftlichen Kontext zu leben. Wie das Eigene selbstbestimmt vertreten und Anderen gegenüber sichtbar gemacht werden kann. Wie man das Eigene behaupten kann, ohne in universalisierender Gleichförmigkeit aufzugehen. Es geht nicht immer nur um die konkreten Anlässe und Inhalte,

sondern auch um die Strategien und Methoden des pluralgesell-
schaftlichen Miteinanders. Im Grunde genommen braucht der
Umstand, dass Jüd*innen und Muslim*innen ihre gesellschaftlichen Interessen und Ziele gemeinsam und sichtbar artikulieren,
niemanden wirklich zu irritieren, schließlich findet dieses Spiel,
in welches sich Gruppen mit verschiedenen Schwerpunkten
und Interessen gesellschaftlich einbringen, in der Praxis bereits
statt: Wir nennen es liberale Demokratie!

Der eine oder die andere Lesende mag sich abschließend fragen, warum das jüdisch-muslimische Gespräch hier so radikal
runtergebrochen ist: Vom abrahamitischen Erbe keine Spur,
keine Rede von Averroes und Maimonides, aber auch nicht
von muslimischem Antisemitismus und anti-muslimischem
Rassismus. Erstens ist Theologie auch nicht immer die Lösung
des Problems; zweitens können Andere bezüglich Diskriminie-
rungsursachen und -präventionen wesentlich kompetenter Aus-
kunft geben als ich; und drittens hat das Ganze hier mit dem
Ausgangspunkt dieses Textes zu tun, nämlich mit Al-Andalus:
Hinter dieser Chiffre/Folie verbirgt sich nicht die Frage nach
dem gemeinsamen Glauben an den einen Gott, sondern eine
Frage nach gesellschaftlicher Praxis, dem Miteinander von unterschiedlichen Religionsgemeinschaften beziehungsweise religiösen Akteur*innen in einem konkreten historischen Kontext.

Wenn wir eines von Al-Andalus lernen können, dann dass
dieses Miteinander niemals etwas Selbstverständliches ist. Es
muss immer wieder mühsam erarbeitet und aktualisiert werden;
es muss immer wieder deutlich gemacht werden, dass sich dieses
Gesellschaftsmodell zu leben lohnt. In Zeiten von teils schrägen
Wertedebatten sollten wir uns vor Augen führen, dass in einer
pluralen Gesellschaft es Menschen in ihrer Unterschiedlichkeit
sind, die Werten Gestalt verleihen. Jüd*innen und Muslim*in-

Prof. Dr. Frederek Musall

nen können eigene wie gemeinsame Erfahrungen und Perspektiven in diese gesellschaftlichen Aushandlungsprozesse miteinbringen.

Ohne die zahlreichen historischen Geschichten von Konvivenz, Kooperation und Konflikt beiseitezulassen, ohne die gegenseitigen Irritationen, Diskriminierungen und Verletzungen zu ignorieren, ohne die Inspiration durch gewisse Mythen aufzugeben: Vielleicht kann es sich als produktiv, konstruktiv und weiterführend für jüdisch-muslimische Beziehungen in ihrer Vielfalt erweisen, an einem gemeinsamen Ziel zu arbeiten, anstatt sich ständig aneinander abzuarbeiten.

Jüdisch-muslimischer Dialog – ein kurzer Einblick in ein dynamisches Feld

Von Larissa Zeigerer

Die Geschichte des jüdisch-muslimischen Dialogs in Deutschland ist noch jung und aufgrund dessen kaum systematisch erforscht. Obwohl auf dem Gebiet der heutigen Bundesrepublik Deutschland schon seit mehreren hundert Jahren Jüd*innen und Muslim*innen leben, gewann die Institution des interreligiösen Dialogs erst im 20. Jahrhundert an Popularität. Meist durch die christlichen Kirchen initiiert, die mit den religiösen *Anderen*, also Judentum und Islam, ins Gespräch kommen wollten (Mittmann, 2011). Nun stellt sich die Frage, wie sich jüdisch-muslimischer Dialog außerhalb christlicher Kontexte gestaltet hat. Dieser Text gibt eine kurze Einführung anhand von Beispielen aus den letzten zehn Jahren.

Die jüdisch-muslimische Dialogtradition in Deutschland ist weniger etabliert als christliche Dialogformate und kann unterschiedliche Formen annehmen. Der Dialogbegriff, wie er hier verwendet wird, beinhaltet demnach alle Formen eines jüdisch-muslimischen Gesprächs und Austauschs. Er beschränkt sich nicht nur auf klassische Formate, bei denen Repräsentant*innen der jeweiligen Gemeinschaften auf Podien oder in Expert*innenrunden über Themen aus jüdischer und muslimischer Sicht sprechen, sondern bezieht sich explizit auf vielfältige, individuelle Begegnungen.

Sichtbar und öffentlichkeitswirksam findet jüdisch-muslimischer Dialog in Deutschland seit den 2010er Jahren in institutionalisierter Form statt.[2] Informelle jüdisch-muslimische Be-

---

2   Ein paar Beispiele dazu sind in der Publikation des Berliner Forums der Religionen zu finden (Goetze & Villamor-Meyer (Hg.), 2016). Eine umfassende Liste existiert nicht.

gegnungen finden jedoch bereits seit mehreren Jahrzehnten in Deutschland statt und interpersonelle Begegnungen natürlich ebenso, wie Cecilia Haendler es in ihrem Beitrag beispielsweise beschreibt.

Die sogenannte „Beschneidungsdebatte" markiert den Beginn eines dynamischen Prozesses: 2012 kämpften Muslim*innen und Jüd*innen gemeinsam gegen ein Beschneidungsverbot (Shooman, 2018; Yurdakul, 2016; Yurdakul, 2018), wodurch politische Solidarität sichtbar gemacht wurde.

Insbesondere im Jahr 2013 kam das Thema jüdisch-muslimischer Beziehungen und Solidarität auf, als nach einem gewaltsamen Übergriff auf Rabbiner Daniel Alter die Debatte um Berliner *No-Go-Areas* für Jüd*innen angestoßen wurde (Keskinkilic, 2018). Demnach seien Gegenden, in denen viele arabische und türkische Migrant*innen oder deren Nachkommen leben, für Jüd*innen nicht sicher. Einige der jüdisch-muslimischen Projekte entstanden als Reaktion auf diese Debatte mit dem Ziel der Solidarisierung miteinander.

Allerdings stellt jüdisch-muslimischer Dialog nicht nur eine Reaktion auf bestimmte gesamtgesellschaftliche Diskurse dar. Er kann unterschiedlichen Schwerpunkten und Motivationen folgen. Die nun dargestellten Initiativen und Projekte illustrieren die Vielfalt jüdisch-muslimischer Allianzen.

Bei *Meet2Respect* (seit 2013) besuchen ausgebildete oder sich in Ausbildung befindende Rabbiner und Imame sowie Religionsvertreter*innen Schulen, um über Judentum, Islam und gesellschaftliche Fragen zu sprechen.[3] Die Initiative *Salaam-Schalom* (ebenfalls 2013 gegründet) ist ein Netzwerk von jüdischen und muslimischen Aktivist*innen, die sich für jüdisch-muslimi-

---

3 https://meet2respect.de/ueber-uns/, aufgerufen: 20.01.2020.

sche Solidarität und Freundschaft einsetzen, indem sie Narrative jüdisch-muslimischer Beziehungen im Alltag stärken und in den öffentlichen Diskurs hineinwirken (Langer, 2016). Hierbei sollen insbesondere dominante Bilder von einer feindlichen und konfliktvollen Beziehung zwischen Jüd*innen und Muslim*innen entkräftet werden. *Schalom Rollberg – Freundschaft und Respekt im Kiez* ist seit 2014 im Berliner Bezirk Neukölln aktiv (Hür, 2019) und wurde vorrangig von israelischen Jüd*innen gegründet. *Schalom Rollberg* ist an ein Nachbarschaftszentrum angegliedert und bietet schulische Nachhilfe und Freizeitangebote für muslimische Schüler*innen.[4] Seit 2015/16 gibt es die *Dialogische Ringvorlesung Judentum & Islam* zu Themen wie Ethik, Menschenrechte, Beziehungen zu anderen Glaubensrichtungen, Beziehung zwischen Wissen und Glauben usw., bei der Akademiker*innen jeweils eine jüdische und eine islamische Perspektive entwerfen. Diese und viele weitere jüdisch-muslimische Formate sind Teil des *Jüdisch-Islamischen Forums* der W. Michael Blumenthal Akademie des Jüdischen Museums Berlin.[5] Dort ist auch der *Jüdisch-Muslimische Gesprächskreis* angesiedelt, der sich unter anderem aus Künstler*innen, Wissenschaftler*innen, Aktivist*innen, Journalist*innen sowie Mitarbeiter*innen des öffentlichen Sektors in Politik und Verwaltung zusammensetzt.

Zu weiteren jüdisch-muslimischen Dialogformaten gehören die gemeinsamen Kooperationsseminare für Stipendiat*innen (seit 2016[6]) des jüdischen Ernst Ludwig Ehrlich Studienwerks

---

4 https://shalom-rollberg.de, aufgerufen: 27.01.2020.
5 Programm und Beschreibung hier: https://www.jmberlin.de/juedisch-islamisches-forum, aufgerufen: 27.01.2020
6 Das erste Seminar dieser Art hatte den Titel „Die ‚Anderen' in uns" und drehte sich um Reflexion der eigenen Identität und gesellschaftliche Bezüge, siehe: http://www.avicenna-studienwerk.de/category/stipendiatisches/ideelles-foerderprogramm/page/7/, aufgerufen: 27.01.2020.

Larissa Zeigerer

(ELES) und des muslimischen Avicenna-Studienwerks im Rahmen der ideellen Förderprogramme, beispielsweise zu den Themen „Nahostkonflikt in meiner Biographie"[7] und „Antisemitismus und Anti-Muslimischer Rassismus"[8]. Die Stipendiat*innen beider Werke finden auch in dezentral organisierten Veranstaltungen bundesweit zusammen und organisieren Besuche sakraler Orte oder initiieren Lesekreise.

Inspiriert von dieser gelungenen Kooperation zwischen ELES und Avicenna wurde 2019 der jüdisch-muslimische Thinktank Karov-Qareeb[9] initiiert, in dem Stipendiat*innen und Ehemalige aus allen Begabtenförderungswerken, die vom Bundesministerium für Bildung und Forschung finanziert werden, in verschiedenen Formaten in den Dialog treten. 2019 startete der Zentralrat der Juden in Deutschland sein Dialog- und Präventionsprojekt *Schalom Alaikum – Jüdisch-Muslimischer Dialog*, um zivilgesellschaftlichen Dialog, Vernetzung und Prävention gegen Antisemitismus zu fördern.[10]

Jüdisch-muslimischer Dialog findet seit Jahren und in regelmäßigen Abständen auch in Dialog- und Kooperationsveranstaltungen von Moscheen- und Synagogengemeinden statt wie etwa der *Jüdisch-Muslimische Salon* (seit 2019). Dieses Projekt wurde nach dem Vorbild der Salons im 19. Jahrhundert gegründet und vom *Deutschen Muslimischen Zentrum* (DMZ) initiiert.[11]

---

7 Im Februar 2017, http://www.avicenna-studienwerk.de/category/stipendiatisches/ideelles-foerderprogramm/page/6/, aufgerufen: 27.01.2020.

8 Im März 2018 und März 2019, http://www.avicenna-studienwerk.de/category/stipendiatisches/ideelles-foerderprogramm/page/4/ und http://www.avicenna-studienwerk.de/category/stipendiatisches/ideelles-foerderprogramm/page/2/, aufgerufen: 27.01.2020.

9 https://eles-studienwerk.de/initiativen/karov-qareeb/, aufgerufen: 27.01.2020.

10 https://www.zentralratderjuden.de/angebote/begegnung/schalom-aleikum/, aufgerufen: 27.01.2020.

11 http://dmk-berlin.de/naechster-juedisch-muslimischer-salon-am-12-03-2019/, aufgerufen: 27.01.2020.

2019 wurde in Bielefeld der Verein *begegnen e. V.* gegründet. Dieser stellt sich gemeinsam mit den nordrhein-westfälischen Muslim*innen und Jüd*innen gegen Antisemitismus und anti-muslimischen Rassismus in regelmäßigen Vorträgen, Podiums-diskussionen und Workshops. Im Herbst 2020 finden bundes-weit die ersten *Tage der Jüdisch-Muslimischen Leitkultur (TdJML)* statt – ein dezentrales Festival von jüdischen und muslimischen Künstler*innen, kuratiert von dem Essayisten und Lyriker Max Czollek.

Diese Beispiele geben einen Einblick, in welchen Formaten und mit welchen Zielsetzungen sich Jüd*innen und Muslim*in-nen in Deutschland begegnen. Der Überblick soll vor allem zeigen, wie vielfältig die Initiativen und Institutionen sind, die den jüdisch-muslimischen Dialog gestalten. Die Schwerpunkte, Motivationen und Methoden sind vielfältig. Die dialogischen Themen reichen von theologischen Fragestellungen und religiö-sen Praktiken über Alltagserfahrungen bis hin zur Auseinander-setzung mit Ausgrenzung, Antisemitismus, anti-muslimischem Rassismus und dem Nahostkonflikt. Es sind, neben zivilgesell-schaftlichen Akteur*innen, vor allem Jugendliche und junge Erwachsene, die sich engagieren. Jüdisch-muslimischer Dialog gestaltet sich also vielfältig in Deutschland und befindet sich zu-nehmend im strukturellen Aufbau.

Literatur

Goetze, A., & Villamor-Meyer, J. (Hg.) (2016). *Berliner Forum der Re-ligionen. Interreligiöser Stadtplan*. Berlin: AphorismA Verlag.

Keskinkilic, O. Z. (2018). No-go-Area-Debatten. In ders., & A. Lan-ger (Hg.), *Fremdgemacht & Reorientiert. Jüdisch-Muslimische Ver-flechtungen* (S. 53–70). Berlin: Verlag Yilmaz-Günay.

Mittmann, T. (2011). Säkularisierungsvorstellungen und religiöse Identitätsstiftung im Migrationsdiskurs. Die kirchliche Wahrnehmung „des Islams" in der Bundesrepublik Deutschland seit den 1960er Jahren. (Friedrich-Ebert-Stiftung, Hg.) *Archiv für Sozialgeschichte, Band 51*, S. 267–290.

Shooman, Y. (2018). Wer redet für wen und mit wem? Oder: Herausforderungen des jüdisch-muslimischen Dialogs in Deutschland – eine muslimische Perspektive. (M. Brumlik, M. Chernivsky, M. Czollek, H. Peaceman, A. Schapiro, & L. Wohl von Haselberg, Hg.) *JALTA. Positionen zur jüdischen Gegenwart, 03* (1/2018-2/5778), S. 42–49.

Yurdakul, G. (2016). Jews, Muslims and the Ritual Male Circumcision Debate: Religious Diversity and Social Inclusion in Germany. (G. Bouma, Hg.) *Religious Diversity and Social Inclusion* (Vol. 4, Issue 2), S. 77–86.

Yurdakul, G. (2018). Beschneidungsdebatten. In O. Z. Keskinkilic, & A. Langer (Hg.), *Fremdgemacht & Reorientiert. Jüdisch-Muslimische Verflechtungen* (S. 207–228). Berlin: Verlag Yilmaz-Günay.

Praktische Umsetzung

Praktische Umsetzung und Veranstaltungskonzeption für jüdisch-muslimische Allianzen

Von Sonya Ouertani

Der Beginn des praktischen Teils dieser Handreichung beschäftigt sich mit der Frage, in welcher Form jüdisch-muslimische Allianzen und Bündnisse realisiert und wirkungsvoll lebbar gemacht werden können. Zunächst werden allgemeine Zielsetzungen und grundlegenden Umgangsformen des jüdisch-muslimischen Dialogs dargestellt, basierend auf Positionierungen und diskursiven Erfahrungen im Thinktank Karov-Qareeb, und anschließend verschiedene Veranstaltungsformate erörtert und reflektiert. Perfekte Bedingungen (wie auch immer diese zu definieren sind) für jüdisch-muslimische Allianzen bestehen, realistisch betrachtet, nicht. Umso sinnvoller ist es, Kompromisse und suboptimale Situationen, etwa aufgrund von organisatorischen oder finanziellen Begrenzungen, explizit anzusprechen. Es ist zudem wichtig, zu betonen, dass das eigentliche Ziel des Dialogs nicht hierarchisch hinter die hier aufgeführten praktischen und organisatorischen Aspekte gestellt werden soll. Die Prozesse und Diskussionen zur praktischen Umsetzung und Konzeption von Veranstaltungen schaffen vielmehr Möglichkeiten zum jüdisch-muslimischen Austausch und können nicht von den inhaltlichen Gesichtspunkten losgelöst betrachtet werden.

Allgemeine Zielsetzung

Als allgemeines Ziel des jüdisch-muslimischen Dialogs kann, in Anlehnung an die zu Anfang der Handreichung dargelegte gesamtgesellschaftliche Relevanz vergleichbarer Allianzen, ein friedliches, respektvolles und vielfältiges Zusammenleben hervorgehoben werden. Grundlegend zielt der jüdisch-muslimische Dialog darauf ab, sich anzunähern und gegenseitiges Verständnis zu fördern, indem Gemeinsamkeiten erkannt sowie Unterschiede respektiert und wertgeschätzt werden. Darüber hinaus dient der jüdisch-muslimische Dialog sowohl Individuen als auch Gruppen dazu, die eigene Positionierung und Orientierung nicht im Gegensatz zu den oder durch Ausschluss der Anderen zu verstehen und zu reflektieren. Dafür ist es notwendig, dass die allgemeinen Ziele unter Beachtung der Bedürfnisse und Interessen der beteiligten Personen detailliert und differenziert festgelegt werden.

Ein mögliches Ziel im jüdisch-muslimischen Dialog kann die Weiterbildung in Bezug auf jüdische und muslimische Perspektiven zu verschiedenen thematischen Schwerpunkten wie Politik, Gesellschaft, Ethik, Umwelt etc. sein. Auch das gegenseitige Kennenlernen von religiösen Bräuchen, Festen und Praktiken kann als gemeinsames Ziel definiert werden. Zudem können jüdisch-muslimische Dialogformate als Aushandlungsplattform für gemeinsame Positionen und öffentliche Stellungnahmen oder zur Stärkung von Solidarität und Empowerment dienen, insbesondere als Reaktion auf gewaltvolle oder diskriminierende Ereignisse und öffentliche Debatten. Es empfiehlt sich, den Fokus nicht auf Diskrepanzen und Unvereinbarkeiten zu setzen und dadurch eine polarisierende Atmosphäre eines Angriff-und-Verteidigung-Ansatzes zu schaffen. Stattdessen sollte versucht werden, die gemeinsam und diskursiv ausgehandelten Zielsetzungen für ein respektvolles und inklusives Miteinander umzusetzen. Weitere Ideen und Vorschläge zur Zielformulierung von jüdisch-muslimischen Allianzen werden in den folgenden Kapiteln diskutiert. Zudem wird die Wichtigkeit der transparenten und gemeinschaftlichen Zielfestlegung und der damit zusammenhängenden Strategie- oder Projektwahl ausführlich im Kapitel zur nachhaltigen Etablierung und Ergebnissicherung von jüdisch-muslimischen Allianzen erörtert.

Neben der Zielsetzung ist zudem die gemeinschaftliche Ausarbeitung grundlegender Werte im Umgang miteinander empfehlenswert. Diese Basis soll ein friedliches und respektvolles Miteinander ermöglichen und potenziellen Konfliktsituationen vorbeugen beziehungsweise einen Rahmen zur Lösung dieser Konflikte bieten. Auch hier muss erneut die Relevanz eines gemeinsamen und transparenten Prozesses hervorgehoben werden, sodass die beteiligten Personen sich mit dieser Grundlage des Umgangs identifizieren und an der Einhaltung interessiert sind.

Nach der Festlegung der Ziele und grundlegenden Umgangsformen stellt sich die Frage, welche Veranstaltungskonzeptionen für den jüdisch-muslimischen Dialog sinnvoll sind. Die Reflexion und Abwägung von verschiedenen Veranstaltungsformaten ist notwendig, da diese einen direkten Einfluss auf die Erreichung der Dialogziele haben und somit nicht zu unterschätzen sind. Im Folgenden werden Rahmenbedingungen und verschiedene Veranstaltungsformate mit den jeweiligen Vor- und Nachteilen dargelegt und diskutiert.

Finanzielle Rahmenbedingungen

Selbstverständlich spielt auch der finanzielle Rahmen eine entscheidende Rolle, da er Möglichkeiten und Spielräume erzeugen und begrenzen kann. Zunächst ist es empfehlenswert, Formate zu konzipieren, die nur eines geringen finanziellen Aufwands bedürfen. Häufig können bei öffentlichen und privaten Einrichtungen Spenden akquiriert werden. Darüber hinaus stellt sich die Frage, ob die am Dialog teilnehmenden Personen einen

Sonya Ouertani

finanziellen Beitrag leisten können oder sollen. Einerseits bedeutet dies eine zusätzliche Hürde, die einige potenziell Interessierte davon abhält, die Veranstaltung zu besuchen, und die zudem die Idee von ehrenamtlichem Engagement in Frage stellt. Andererseits kann in manchen Fällen ein geringer und klar definierter finanzieller Beitrag eine zusätzliche Verbindlichkeit schaffen und zu nachhaltigen Allianzen führen.

Räumliche und örtliche Rahmenbedingungen

Die Auswahl der Räumlichkeiten beeinflusst den inhaltlichen Verlauf und die allgemeine Atmosphäre des Dialogs und sollte daher kritisch reflektiert und abgewogen werden. Anfangs sollte darauf geachtet werden, dass die ausgewählten Räumlichkeiten für alle Personen zugänglich und erreichbar, also barrierefrei sind. Die Faustregel „Je neutraler der Raum, desto besser" steht unter der Annahme, dass Räume generell nicht neutral sind und es demnach nicht unbedingt notwendig ist, jüdisch-muslimischen Dialog in einem vermeintlich neutralen Raum stattfinden zu lassen, wenn dies die Durchführung unnötig teuer und kompliziert macht.

Religiös belegte Räume können naheliegend für jüdisch-muslimische Allianzen sein, da dadurch religiöse Praktiken und Traditionen sehr anschaulich gezeigt werden können. Darüber hinaus erzeugen solche Örtlichkeiten in der Regel eine gastfreundschaftliche und einladende Atmosphäre. Hierbei sollte auf einen paritätischen Wechsel geachtet werden, sodass sowohl jüdische als auch muslimische Räume als Treffpunkt dienen. Allerdings können religiöse Räumlichkeiten auch Herausforderungen für den jüdisch-muslimischen Dialog mit sich bringen, da eine Anbindung an eine örtliche Gemeinde vorausgesetzt wird und neben Absprachen mit den zuständigen

Leitungen auch Vorschriften zum Betreten, Verhalten und zur Kleidung kommuniziert werden müssen. So möchten beispielsweise manche muslimische Frauen während der Menstruation keine Moschee betreten. Des Weiteren kann die Wahl von religiösen Orten als Treffpunkt für jüdisch-muslimischen Dialog implizieren, dass eine Seite einladend und eine andere Seite besuchend ist. Was zum einen bedeuten kann, dass explizit Judentum oder Islam im Fokus des jeweiligen Treffens oder Projekts stehen und eine klare Aufteilung zwischen denjenigen, die fragen, und denjenigen, die antworten, konstruiert wird. Bei Beachtung von paritätisch wechselnden Örtlichkeiten stellt dies kein größeres Problem dar. Zum anderen geht damit häufig ein Ungleichgewicht bezüglich der Einbindung in den vorbereitenden Organisationsprozess einher, was ein gewisses Machtungleichgewicht bedeuten könnte. Bei Beachtung von paritätisch wechselnden Örtlichkeiten stellt auch dies kein größeres Problem dar. Formate beziehungsweise Räumlichkeiten, die eine jüdisch-muslimische Vorbereitung und Ausgestaltung des Programms ermöglichen, sind zu empfehlen. Dieses Ungleichverhältnis in der Organisation besteht ebenfalls bei Treffen in privaten Räumen, wo meist eine Person als gastgebend auftritt und die anderen Personen als Gäste agieren. Zudem ist zu fragen, ob sich private Räume als Treffpunkt anbieten, wenn zunächst keine engeren, persönlichen Verbindungen bestehen. In diesem Fall könnten öffentliche Orte für den Anfang unproblematischer und zugänglicher sein. Jedoch können insbesondere private Räumlichkeiten eine vertrauensvolle und angenehme Atmosphäre schaffen, was für die persönlichen und möglicherweise auch intimen Gespräche, die während eines jüdisch-muslimischen Dialogs geführt werden können, förderlich wäre.

Sonya Ouertani

Ein informeller Austausch ist eventuell für ein persönliches Kennenlernen hilfreicher im Vergleich zu öffentlichen oder religiösen Orten. Allerdings bieten öffentliche Räumlichkeiten in einer formellen Art und Weise mit klar definierter Agenda eine passende Basis, um produktiv an einem Projekt zu arbeiten. Diese Wahl von Räumlichkeiten mit strukturierender Arbeitsatmosphäre kann für bestimmte Veranstaltungsformate wie Lehrvorträge oder Workshops sinnvoll sein.

Insgesamt ist eine transparente und gemeinsame Reflexion zu den Vor- und Nachteilen von religiösen und nichtreligiösen sowie privaten und öffentlichen Räumen für jüdisch-muslimische Allianzen im Vorhinein sinnvoll, um eine Basis zu etablieren, die den Bedürfnissen aller beteiligten Personen und den definierten Zielen samt entsprechender Strategien zu deren Umsetzung gerecht wird. Diese Diskussionen bieten eine explizite Möglichkeit zum Austausch und zur Sensibilisierung für den Einfluss von Örtlichkeiten auf den Dialog.

Essen und Trinken

Ein weiterer Aspekt, der im Vorhinein betrachtet und diskutiert werden sollte, beschäftigt sich mit der Frage nach Speisen und Getränken, die den engagierten und interessierten Personen während der Dialogtreffen zur Verfügung gestellt werden. In jüdisch-muslimischen Allianzen hat es sich etabliert, vollkommen auf Alkohol und nichtkoschere Nahrungsmittel zu verzichten. Darüber hinaus wäre es ideal, wenn sich jeglicher Konsum nach der Person richtet, die den strengsten Vorschriften bezüglich Essen und Trinken folgt, sodass die Bedürfnisse einer*s jeden beachtet werden. Eine offene und gemeinsame Thematisierung zu Beginn ist auch in diesem Fall empfehlenswert.

Öffentliche und nichtöffentliche Veranstaltungen

Bei der Auswahl eines spezifischen Veranstaltungsformats stellt sich die Frage, ob die Veranstaltung in sozialen Medien, über religiöse Gemeinden, Hochschulgruppen und andere Plattformen öffentlich angekündigt wird oder ob primär über persönliche Netzwerke und Einladungen Personen angesprochen werden. Wird der jüdisch-muslimische Dialog öffentlich bekanntgegeben und somit für die Teilnahme geworben, sollte zunächst die Zielgruppe ermittelt und transparent gemacht werden. Öffentliche Veranstaltungshinweise können Personen erreichen, die bisher in keine Netzwerke involviert sind und die neue Perspektiven und Meinungen einbringen. Allerdings besteht auch die Gefahr, Menschen zu erreichen, die diesem Ansatz kritisch gegenüberstehen und den respektvollen Dialog stören. In diesem Zusammenhang könnte man jedoch argumentieren, dass es insbesondere wichtig ist, Personen zu erreichen, die eine kritische, vielleicht sogar ablehnende Haltung haben, um sie von der Relevanz jüdisch-muslimischer Allianzen zu überzeugen. Dennoch bedeutet ein Schritt in die Öffentlichkeit häufig eine gewisse Verwundbarkeit, insbesondere in der aktuellen, polarisierten gesellschaftspolitischen Lage. Bei nichtöffentlichen Formaten hingegen werden in der Regel gut vernetzte und aktive Personen eingebunden, die eventuell bereits miteinander bekannt sind und sich vertrauen. Dadurch sind wichtige Voraussetzungen für einen tiefgreifenden und persönlichen Dialog erfüllt. Allerdings bleibt ein gewisser exklusiver Kreis bestehen, der für weitere aktive und interessierte jüdische und muslimische Menschen nicht zugänglich ist.

Teilnehmendenzahl

Eng verknüpft mit der Frage nach der Öffentlichkeit der Veranstaltung ist die Einbindung einer großen oder kleinen Anzahl an Personen. Sogenannte Kleingruppen bestehen in der Regel aus fünf bis zehn Personen, Kleinstgruppen haben laut Gruppenpsychologie zwei bis sechs Mitglieder, Gruppen werden mit drei bis dreißig Personen deklariert, und Großgruppen sind Versammlungen mit über 25 Personen. Die Grenzen sind in der Praxis natürlich fließend, und dennoch ist es wichtig, die Dynamiken einer Gruppe im Blick zu haben, die aufgrund der Teilnehmendenzahl entstehen (vgl. Sader 2002, S. 39). Im Folgenden werden die Möglichkeiten und Einschränkungen bzgl. der Anzahl der teilnehmenden Personen und der damit verbundenen Interaktionsstrukturen diskutiert.

Selbstverständlich birgt die Beschränkung der Teilnehmendenzahl erneut eine gewisse Exklusivität, die nicht im Interesse eines vielfältigen jüdisch-muslimischen Dialogs sein kann. Allerdings ermöglicht manchmal erst eine Kleingruppe eine persönliche und vertrauensvolle Beziehung zwischen den Beteiligten, was einen positiven Einfluss auf die Gruppendynamik hat. Eine geringe Teilnehmendenzahl fördert zudem die Aktivität der Einzelnen im Austausch und im Gespräch. Trotzdem ist es offensichtlich, dass eine höhere Anzahl an aktiven und engagierten Personen ein größeres Potenzial zur Umsetzung von Projekten und zum Austausch von verschiedenen Perspektiven und Positionierungen bedeutet. Insbesondere bei einer hohen Personenanzahl besteht allerdings die Gefahr der Bildung von Subgruppen und Hierarchien, in denen nur dominante Personen zu Sprechenden werden oder Konkurrenz um Redebeiträge herrscht. Entsprechend der detaillierten Zielsetzung und ausgewählten Strategien zu deren Umsetzung sollte daher auch die Frage nach der Anzahl der Mitwirkenden und damit einhergehenden Interaktionsstrukturen erörtert werden.

Veranstaltungsformate

Die Auswahl einer bestimmten Veranstaltungsart ist unter Beachtung der spezifischen Dialogziele und Strategien zu diskutieren und zu reflektieren. Die hier kritisch erörterten Formate basieren auf Erfahrungen des Thinktanks Karov-Qareeb und anderer jüdisch-muslimischer Dialogformate und dienen als Anregung. Sie können selbstverständlich auch in Verbindung mit innovativen und kreativen Dialogansätzen betrachtet und verwendet werden.

Veranstaltungsformate mit explizitem Bezug zu religiösen Praktiken werden in einem separaten Kapitel thematisiert, da das Lernen, Reflektieren und Diskutieren über die religiösen Gebote und Praktiken eine Stärkung jüdisch-muslimischer Allianzen bedeutet. Im Folgenden werden also Veranstaltungen erörtert, die nicht direkt auf den Austausch von religiösen Praktiken abzielen.

Zum einen werden in jüdisch-muslimischen Dialogformaten häufig Vorträge oder Podiumsdiskussionen mit anschließender Einbindung der Zuhörenden organisiert. Hierdurch ist eine klare Wissensvermittlung mit Lern- und Weiterbildungscharakter für eine hohe Anzahl an Personen möglich. Dadurch können religiös ausgebildete Personen als Podiumsgäste in den jüdisch-muslimischen Dialog eingebunden werden. Jedoch ist hier die Beachtung eines paritätischen Verhältnisses zu betonen, insbesondere im Hinblick auf religiöse Autoritäten und Vortragende. Aufgrund des Vortragscharakters sollte solch eine Veranstaltung nicht länger als zwei Stunden dauern. Zudem sollte die anschließende Diskussion mit dem Publikum nicht vernachlässigt werden, um die dem Konzept immanente einseitige, unpersönlich formelle und ungleiche Beziehung zwischen Vortragenden und Zuhörenden zu minimieren. In diesem Kontext bietet es sich ebenfalls an,

Sonya Ouertani

die exklusive Position der Sprechenden durch eine sogenannte Fish-Bowl-Diskussion zu ergänzen. Bei diesem Diskussionsformat werden auf dem Podium einige freie Plätze zur Verfügung gestellt, sodass zuhörende Personen immer wieder in die Diskussion einsteigen können und nicht erst am Ende zu Wort kommen. Somit können auch die Zuhörenden miteinander ins Gespräch kommen, der vielfältige Austausch wird gefördert.

Zum anderen werden Veranstaltungen zur Förderung jüdisch-muslimischer Allianzen konzipiert, die primär einen Seminar- beziehungsweise Workshopcharakter mit kleinen Gruppen haben. Diese Art von Veranstaltungen ermöglicht eine intensive Arbeitsphase zur Umsetzung konkreter Projekte mit kleineren Gruppen von bis zu zehn Personen. Hierfür werden eine gewisse Vorbereitung und ein methodischer Rahmen benötigt, sodass eine zielführende und produktive Atmosphäre geschaffen wird. Der Fokus liegt weniger auf einer lehrenden Person, sondern auf dem gemeinsamen Schaffen, Lernen und Reflektieren. Aufgrund der Interaktivität und methodischen Abwechslung können solche Veranstaltungsformate über mehrere Stunden und Tage gestaltet werden. Sollte eine größere Anzahl an Personen mitwirken wollen, bietet sich ein sogenanntes WorldCafé an. Hierbei finden mehrere Kleingruppenarbeiten parallel statt, und nach einem festgelegten Zeitfenster ist ein Wechsel der Gruppen möglich. Für jede Kleingruppe ist eine moderierende Person zuständig, die allerdings nicht lehrend, sondern eher unterstützend mitwirkt und dem Gespräch Struktur gibt. Die Ergebnisse der vorherigen Arbeitsphase werden nun durch die neuen Mitwirkenden diskutiert und ergänzt, sodass ein intensiver und vielfältiger Austausch möglich wird.

Darüber hinaus eignen sich informelle Runden mit Essen und Trinken ohne offizielle Agenda als Einstieg, um sich auf persönlicher Ebene kennenzulernen und auszutauschen. So können Vertrauen geschaffen, gemeinsame Ziele, grundlegende Umgangsformen und praktische Umsetzungsstrategien erörtert und formuliert werden.

Literatur

Sader, Manfred (2002). Psychologie der Gruppe. Weinheim/München: Juventa. (8. Auflage).

Wie wir reden: Richtlinien für eine gelingende Kommunikation

Von Hani Mohseni

In diesem Kapitel soll es darum gehen, Richtlinien der Kommunikation für den jüdisch-muslimischen Dialog vorzuschlagen. Es soll als Anregung und Grundlage für Gruppen und Individuen dienen, die im jüdisch-muslimischen Dialog aktiv sind. Zuerst wird auf die individuelle Ebene der Kommunikation eingegangen, dann die kollektive Ebene behandelt.

Die individuelle Ebene der Kommunikation

Als theoretischen Rahmen auf der individuellen Ebene wird das Sender*innen-Empfänger*innen-Modell der Kommunikation von Claude E. Shannon und Warren Weaver vorausgesetzt. Sender*innen (S) wollen einen bestimmten Inhalt an die Empfänger*innen (E) übermitteln und codieren diesen Inhalt in eine kommunizierbare (Sprach-)Form. E müssen dementsprechend das Gesagte entschlüsseln, um den Inhalt zu verstehen. Idealerweise besteht so eine vollständige Übereinstimmung zwischen dem Inhalt, der gesendet, und dem Inhalt, der verstanden wurde. Die Realität sieht anders aus: Üblicherweise entstehen viele Missverständnisse in der Kommunikation (die nicht nur auf triviale Ursachen wie fehlende Sprachkenntnisse zurückzuführen sind). Folgende Anregungen sollen solche Missverständnisse minimieren und einen für Sender*innen und Empfänger*innen gleichermaßen befriedigenden Dialog ermöglichen. Ein kurzer Hinweis zur Struktur der Abschnitte: Der erste Satz (kursiv gedruckt) beschreibt prägnant die Richtlinie, gefolgt von einer kurzen Erklärung.

1. Grundhaltung und Respekt

Ein Dialog basiert auf Respekt, Mitgefühl und Akzeptanz sowie Anerkennung der jeweils anderen Person(en). Respekt erfordert eine bestimmte Grundhaltung, damit er erfolgreich wird. Der Dialog wird im Folgenden im Kontrast zum Duell dargestellt, da die Unterschiedlichkeit dieser zwei Formen der Kommunikation das Wesentliche des Dialogs gut hervorhebt.

Bei Duellen treten Personen mit unterschiedlichen Standpunkten gegeneinander an und versuchen, die jeweils andere Position zu diskreditieren oder argumentativ zu „besiegen". Die Beziehung ist also im Kern feindlich: Man muss sich gegen die Anderen durchsetzen und „gewinnen".

Ziel eines Dialogs hingegen ist gerade nicht, die jeweils andere Person zu „besiegen", sondern eine gegenseitige Annäherung. Eine Wertung der fremden Position wird gemieden. In einem solchen Szenario sind alle Teilnehmenden ein Team. Es können nur alle gemeinsam gewinnen, denn gegenseitige Annäherung ist ein wechselseitiger Prozess.

Für diesen Prozess der Annäherung ist es zentral, dass der oben erwähnte Respekt auf eine gewisse Art radikal ist. Damit ist nämlich nicht der Begriff der Toleranz gemeint, der im Kontext von Liberalismusdebatten häufig fällt. Demzufolge wird „Toleranz" als „Duldung" definiert, und diese Definition impliziert eine Machtasymmetrie: Es gibt eine dominante Mehrheit, die die Macht besitzt, andere Minderheiten zu dulden. Diese Minderheiten sollen in diesem Szenario zudem dankbar sein, dass sie hier sein dürfen, und sind ständig auf diese „großzügige" Duldung angewiesen.

Eine solche Toleranz ist jedoch im Kontext des Dialogs nicht förderlich. Wenn das Ziel darin besteht, sich dem Anderen als jemand, der „nicht Ich und meins" ist, zu nähern, dann kann dies

Hani Mohseni

nicht von Toleranz abhängen, die so schwach ist, dass sie bei zu viel Andersartigkeit verschwindet. Vielmehr muss den Anderen ein radikaler Respekt gezollt werden. Es ist nicht ausschlaggebend, wie absurd die andere Position klingt; man muss sie fundamental als gleichwertig zur eigenen Position anerkennen. Dies gilt für den Dialog zwischen unterschiedlichen Gruppen oder Individuen, aber auch für verschiedene Positionen innerhalb einer Gruppe.

2. Klarheit

Alle problematischen Begriffe müssen definiert werden. Denn auf der Seite der S ist Klarheit zentral. In einem Dialog sind die Begriffe wie Werkzeuge; sie sind ein Instrument, um das Ziel der jeweiligen Aktivität zu erreichen. Genauso, wie Handwerker*innen ihre Werkzeuge kennen müssen, um erfolgreich Dinge zu reparieren, so müssen die Teilnehmer*innen im Dialog die Begriffe, die verwendet werden, kennen, um erfolgreich Inhalte senden und empfangen zu können.

Ein Beispiel soll dies verdeutlichen: Angenommen, S sagt: „Ich sehe mich als sehr religiösen Menschen", erklärt aber nicht, was sie genau mit „religiös" meint. E schaut verdutzt: „Aber du betest doch gar nicht regelmäßig. Wie kannst du religiös sein?" S antwortet: „Aber ich glaube an Gott. Ob ich bete, ist eher sekundär." Hier werden zwei unterschiedliche Definitionen von „religiös" vorausgesetzt: S definiert „religiös" über den Theismus, den Glauben an die Existenz eines Gottes. E hingegen definiert „religiös" über die religiösen Pflichten, die Theist*innen erfüllen müssen (und die durch die Religion bestimmt werden). Das Beispiel erscheint harmlos, kann jedoch schnell konfliktreich werden, wenn die Thematik komplexer wird.

3. Principle of Charity

Es sollte die wohlwollendste Interpretation angenommen werden.

Dieses Prinzip heißt übersetzt etwa „Prinzip des Wohlwollens". S muss auf Klarheit achten, wenn sie Inhalte versendet. Jedoch ist es nicht realistisch, zu erwarten, dass S jeden Satz völlig eindeutig formuliert. Wie geht E am besten mit diesem Interpretationsspielraum um? Das Principle of Charity gibt eine Antwort auf diese Frage.

Ein weiteres Beispiel: Im Rahmen einer Dialogveranstaltung geht es um das Thema Jihad. Eine Muslima sagt: „Jihad ist ein wichtiges Konzept im Islam. Man ist sich einig, dass Muslim*innen sich dem Jihad hingeben sollen." Hier hat die Muslima angenommen, dass „Jihad" ein unproblematischer Begriff ist, der keiner Definition bedarf. Angesichts des medialen Gebrauchs des Begriffs wäre es sinnvoll gewesen, diesen zu definieren. Eine jüdische Person könnte sonst nämlich antworten: „Was?!? Muslime sind verpflichtet, Krieg gegen Ungläubige zu führen und sie zu töten!?!" Sie hat sofort angenommen, dass „Jihad" für die Muslima dieselbe Bedeutung hat wie der Begriff im medialen Kontext. Hätte sie die Aussage der Muslima wohlwollend interpretiert, so wäre das Gespräch anders verlaufen und sie hätte etwas Neues gelernt: „Ich nehme an, dass ‚Jihad' hier etwas anderes bedeutet als ‚Krieg gegen die Ungläubigen'. Kannst du mir erklären, was du mit ‚Jihad' meinst?"

Das Principle of Charity ist kein Prinzip, das zur „exakten" Interpretationen von Aussagen führt, es ist vielmehr heuristisch zu verstehen; als ein Weg, wie der Dialog so gut wie möglich aufrechterhalten werden kann. Interpretiert man sein Gegenüber auf wohlwollende Weise, so ist man eher gewillt, ambivalente Aussagen nachzuvollziehen.

Hani Mohseni

4. Absoluter Wahrheitsanspruch

Vermeide Begriffe wie „wahr" oder „falsch" und formuliere Positionen aus der eigenen Perspektive. Wie schon oben angedeutet, sollten in einem Dialog, der die gegenseitige Annäherung und das Verstehen der jeweils anderen Position zum Ziel hat, Positionen nicht bewertet werden. Sätze wie „Das ist falsch" oder „Meine Meinung ist richtig" sollten vermieden werden. Stattdessen wäre es zielführender, seine Position etwa so zu formulieren: „In meiner Erfahrung ist es so gewesen" oder „Ich habe das so erlebt" – und allgemein mehr Ich-Aussagen zu verwenden.

So könnte in einer jüdisch-muslimischen Dialogveranstaltung auf die Geschichte von Abraham Bezug genommen werden, der nach islamischer Sicht bereit war, für Gott seinen Sohn Ismael zu opfern. Diese Erzählung könnte allerdings auf jüdischer Seite für Irritationen sorgen, da in der Tora Jitzchak als Opfer ausgesucht wird. Also wird diese Geschichte mit gravierenden Unterschieden erzählt, was aufgrund des Erhebens von zwei Wahrheitsansprüchen zu einem Konflikt führen kann. Ist in einem solchen Fall die Teilnahme am Dialog noch möglich? Hindert dieser Widerspruch die dialogische Grundhaltung?

Der Widerspruch löst sich auf, wenn das Ziel eines Dialogs transparent gemacht wird. Wen wollte Abraham nun wirklich opfern? Wenn Annäherung der Zweck des Dialogs ist, so ist es nicht relevant, was die Antwort auf diese Frage ist. Nur die Grundhaltung ist nötig, die oben beschrieben wurde, und diese Haltung ist durchaus mit einem absoluten Wahrheitsanspruch vereinbar. Dass man eine andere Position respektiert, setzt nicht notwendigerweise voraus, dass man sie für wahr halten muss. Ziel des Dialogs ist es nicht, die „Wahrheit" zu finden oder die Anderen in einem argumentativen Duell zu „besiegen". Hingegen öffnen Sätze wie „Bei mir ist es so. Wie ist es bei dir?"

das Gespräch und laden dazu ein, vom eigenen Verständnis zu erzählen.

Dabei ist es sehr wahrscheinlich, dass sich mindestens zwei Sichtweisen widersprechen. Doch auch dies stellt in einem Dialog kein Problem dar. Solange man sich des Ziels eines Dialogs bewusst ist, wird auch klar, warum: Eine Übereinstimmung aller Meinungen und Sichtweisen ist gar nicht erwünscht. Es ist völlig in Ordnung, wenn am Ende alle auseinandergehen und sich ihre eigenen Sichtweisen nicht verändert haben. Vielmehr ist es wichtig, die Sichtweise der Anderen verstanden und nachvollzogen zu haben.

5. Sokratisches Unwissen

Sei wie Sokrates. Man munkelt, dass Sokrates vom Orakel von Delphi zum weisesten Mann erklärt wurde. Seine Weisheit bestand darin, zuzugeben, dass er nichts weiß. Dieses Geständnis ermöglichte es ihm, nach Wissen zu suchen. Erst wenn man zugibt, dass man kein Wissen hat („Ich weiß, dass ich nichts weiß"), ist man offen, Neues zu lernen. Deswegen machten ihn Bescheidenheit und Ehrlichkeit zum weisesten Mann, jedenfalls dem Orakel zufolge.

Dialogveranstaltungen sind keine Theologieprüfungen! Wir können von Sokrates lernen und offen sagen, wenn wir etwas nicht wissen. Sich einer Tradition zugehörig zu fühlen, bedeutet nicht, dass man alles über besagte Tradition wissen muss oder kann. Unwissenheit ist keine Schande, solange man sie sich eingesteht und dies offen kommuniziert. So öffnet man sich für den Dialog.

Hani Mohseni

Die kollektive Ebene der Kommunikation

Nach der Erörterung der individuellen Ebene soll es im folgenden Abschnitt um die kollektive Ebene in Bezug auf Machtfragen gehen. Welches Individuum hat die Macht innerhalb einer Gruppe, und welche Gruppen sind mächtiger als andere? Wenn diese Fragen beantwortet werden, wird deutlich, wo Ungleichverteilung von Macht vorliegt und wie ihr entgegengewirkt werden kann. Denn muslimisch-jüdischer Dialog funktioniert nur auf Augenhöhe.

1. Einbettung von Individuen in Kulturen

Teilnehmende eines Dialogs sehen wir als Individuen, die in ihren Kulturen eingebettet sind. Kulturen haben unterschiedliche Aspekte, die das Individuum unterschiedlich stark beeinflussen. Judentum und Islam sind nicht nur theologische Systeme, sondern bringen noch eine ganze Menge anderer Aspekte mit sich: Geschichte, Kunst, Politik, Nationalität, Geschlechterrollen, Erziehung, Sozialisation, Wirtschaft, Küche, Kriege und vieles mehr. Diesen Umstand wollen wir mit dem Begriff der Kultur gerecht werden. Ferner fließen all jene Faktoren in unterschiedlicher Gewichtung in die Identität des Individuums mit ein, wobei die Gewichtung von der persönlichen Entwicklung des Individuums und dem Kontext der Lebenswelt abhängt. Deswegen sprechen wir nicht nur von einer Kultur, sondern von Kulturen. Es sind also niemals einfach Muslim*innen und Jüd*innen, die miteinander in den Dialog treten, sondern immer bestimmte muslimische oder eine bestimmte jüdische Personen, die aufgrund ihrer individuellen Geschichten und Erfahrungen auf eine spezifische Weise geprägt wurden und somit ihre jeweiligen Kulturen individuell betrachten. Eine deutsche Migrantin zweiter Generation, die aus einer sowjetisch-jüdischen Familie stammt, wird das Judentum anders kennengelernt haben als ein Israeli mit säkularem Familienhintergrund oder eine orthodox-jüdische Amerikanerin. Dieser Umstand hat drei Konsequenzen für den Dialog:

Erstens: *Behandle dein Gegenüber primär als Individuum.* Du solltest die Anderen im Dialog als Individuen sehen, die in ihrer Tradition eingebettet sind. Zunächst spricht jede Person für sich, und so solltest du sie auch verstehen. Danach kann immer noch die Nachfrage folgen, ob dies für mehr Personen in ihren Kulturen gilt.

Im Umkehrschluss bedeutet dies auch: *Reflektiere deine eigene gesellschaftliche Positionierung.* Wenn du als muslimische oder jüdische Person eine Aussage tätigst, so bedeutet dies nicht automatisch, dass du stellvertretend für „den Islam" oder „das Judentum" sprichst. Es ist sogar relativ wahrscheinlich, dass du z. B. nicht einmal für „die Sunnit*innen" oder „die Hannafit*innen" sprichst. Wahrscheinlich wirst du oft einfach über dich selbst sprechen. Und das ist auch gut so! Dabei ist es aber wichtig, den Geltungsraum deiner Aussage zu reflektieren. Manche Aussagen gelten für viele Menschen, und manche gelten nur für dich als Person. Beispielsweise gibt es die Meinung, dass der Geburtstag des Propheten Mohammed (saw) nicht gefeiert werden soll. Nicht alle teilen jedoch diese Meinung, und es gibt durchaus Muslim*innen, die darin einen spirituellen Wert sehen. Gleiches gilt, wenn du über dein „Jüdisch-Sein" sprichst. Hinterfrage also immer kritisch, für wen deine Aussage gilt.

Warum ist diese Sichtweise nützlich? Dies führt zum dritten Punkt: *Wir müssen darauf achten, Individuen mit unterschiedlichen Hintergründen am Dialog teilnehmen zu lassen.* Häufig gibt es eine ungleiche Machtverteilung innerhalb einer Gruppe. Eine solche Ungleichverteilung ist nicht notwendigerweise schlecht: Z. B. hat eine religiös ausgebildete Person wie ein Imam oder eine

Hani Mohseni

Rabbinerin vergleichsweise mehr Wissen über theologische Angelegenheiten. Somit hat diese Person die Definitions- und Interpretationsmacht in religiösen Angelegenheiten (in einem bestimmten Rahmen), etwa wie bestimmte Begriffe und Quellen verstanden werden sollen. Doch diese Ungleichverteilung ist im Idealfall aufgrund von Gelehrsamkeit gerechtfertigt. Beachten wir all diese Hintergrundfaktoren im Dialog, so können wir feststellen, dass in manchen Angelegenheiten religiös ausgebildete Personen mehr Autorität haben und somit eher für eine Gruppe sprechen können.

In anderen Fällen ist die Rechtfertigung einer Ungleichverteilung der Macht nicht vorhanden. Spricht z. B. eine hannafitische Muslima für „den Islam" und begründet diese Autorität durch den Umstand, dass die hannafitische Rechtsschule häufig als die zahlenmäßig am meisten etablierte gilt, so kann eine solche Rechtfertigung der Autorität problematisch sein. Wahrscheinlich würden sich sehr viele Muslim*innen mit einigen der Aussagen nicht identifizieren können, weil die hannafitische Traditionen Eigenheiten aufweisen, die in anderen Gruppen vielleicht nicht oder in einer anderen Ausprägung vorhanden sind.

Deswegen ist Vielfalt im Dialog wichtig. Dies ist eine Bedingung, um die Definitionsmacht abgeben zu können. Wenn keine Person anwesend ist, die diese Macht anders einsetzen würde, ist eine Abgabe der Definitionsmacht erst gar nicht möglich beziehungsweise sinnvoll. Deswegen sollte für Vielfalt bezüglich der Teilnehmenden des jüdisch-muslimischen Dialogs gesorgt sein.

2. Einbettung von Identitäten in der deutschen Mehrheitsgesellschaft

Eine Ungleichverteilung von Macht kann auch zwischen muslimischen und jüdischen Gruppen auf gesamtgesellschaftlicher

Ebene existieren. Im deutschen Kontext besitzen muslimische Gruppierungen einen völlig anderen Stellenwert als jüdische Gruppierungen und auch die Beziehung zur weiß-deutschen „Dominanzkultur" (Birgit Rommelspacher) ist anders als die Beziehung zwischen muslimischen und jüdischen Gruppen. Dies hat konkret zwei Folgen.

Erstens: *Bestimmt autonom eure Agenda beim Dialog!* Häufig gibt es Klischeethemen, die von der deutschen Mehrheitsgesellschaft vorgegeben werden, wie etwa das Kopftuch oder die Beschneidung. Eine autonome Bestimmung der Agenda bedeutet nicht, dass wir diese Themen kategorisch ablehnen, sondern dass wir nur über diese Themen diskutieren, wenn wir als Gruppe/ Individuen dieses Bedürfnis verspüren. Es geht also um eine selbstbestimmte Auswahl der Themen des Dialogs. Oft ist es schwierig, eine selbstbestimmte Wahl zu treffen, da Agendasetzung auch Macht benötigt. Nur mächtige Personen beziehungsweise Gruppen können bestimmen, über welches Thema geredet wird. In unserem Kontext ist es die deutsche Dominanzgesellschaft, die gegenüber jüdischen und muslimischen Individuen und Gruppen auftritt. In konkreten Fällen heißt dies, dass realistisch abgewogen werden muss, wie Erwartungen von „außen" und insbesondere Bedürfnisse innerhalb der Dialoggruppe vereinbart werden können. Dies sollte gemeinschaftlich unter Rücksicht aller teilnehmenden Gruppen und Personen besprochen werden.

Zweitens: *Geht fair mit anderen Gruppen um!* Dies bedeutet vor allem, allen Gruppen den gleichen Respekt und die gleichen Rechte zuzusprechen. Minderheiten werden häufig gegeneinander ausgespielt. Von so einer Instrumentalisierung profitieren die Mächtigen. Ein Beispiel: Jüdische Personen wurden in Europa lange Zeit aufgrund ihres „Jüdisch-Seins" diskriminiert und

Hani Mohseni

ausgegrenzt. Dieser Prozess erfuhr seinen Höhepunkt in der NS-Zeit. Nun ist oft eine andere Rhetorik zu hören: Muslimische Immigrant*innen bedrohen die „abendländische jüdisch-christliche Tradition". Einige Personen der deutschen Dominanzgesellschaft hoffen, durch eine solch vermeintliche Inklusion einer religiösen Minderheit eine andere unerwünschte religiöse Minderheit auszuschließen. Werden solche rhetorischen Strategien von Seiten der muslimischen und jüdischen Gruppen unterstützt, so werden Vertrauen und die oben skizzierte dialogische Grundhaltung gestört. In einer solchen Atmosphäre wäre der jüdisch-muslimische Dialog kaum möglich.

Religiöse Praxis in der Bildung jüdisch-muslimischer Allianzen

Von Cecilia Haendler

Religiöse Praxis ist zentral für das individuelle und gemeinschaftliche Selbstverständnis der beiden Religionen, und sie kann ein verbindendes Element im jüdisch-muslimischen Dialog sein. Der Austausch über gelebte Religiosität bietet neue Einblicke und lädt zu vergleichenden Perspektiven ein, die das wechselseitige Verständnis von Islam und Judentum vertiefen. Die persönliche Spiritualität wird durch das Kennenlernen und Reflektieren über die religiösen Erfahrungen und Verständnisse anderer Menschen erweitert. Die Diskussionen und das Teilen der religiösen Praktiken sind eine wertvolle Möglichkeit, um Verständnis und Verbindungen zwischen Jüd*innen und Muslim*innen zu schaffen.

Dieser Austausch über religiöse Praxis im jüdisch-muslimischen Dialog berührt die gelebte und alltägliche Realität von Gläubigen und ist daher nicht nur für theologische Fachpersonen relevant. Gemeinsames Lernen und Diskutieren religiöser Grundlagen gerade auch mit Menschen anderer Traditionen kann daher auch bereichernd für nichtreligiöse Jüd*innen und Muslim*innen sein. Somit spricht dieses Kapitel, entsprechend der allgemeinen Ausrichtung dieser Handreichung, auch Jüd*innen und Muslim*innen an, die sich als religiös oder als säkular verstehen.

Zunächst werden einige Voraussetzungen für die Bildung jüdisch-muslimischer Allianzen und Bündnisse in Bezug auf die religiöse Praxis genannt. Für eine Auseinandersetzung und Reflexion religiöser Praxis bedarf es Vertrauen und Achtsamkeit, da viele Menschen dies als ein persönliches und emotionales Thema wahrnehmen. Ein entsprechender Rahmen sollte im Vorhinein zwischen den teilnehmenden Personen etabliert werden. Zudem ermöglichen es Parität und Ausgewogenheit, konstruktiv und auf Augenhöhe über verschiedene Positionierungen und Glaubensverständnisse nachzudenken, seien es die eigenen oder die der anderen. Hierbei spielt zudem die Anerkennung unterschiedlicher (auch widersprüchlicher) Meinungen und religiöser Überzeugungen eine Rolle. Denn im Gespräch über religiöse Praxis, über Gefühle, alltägliches Leben und religiöse Ansichten kann es zu Differenzen kommen. Allerdings werden diese Unterschiede durch die erlebte religiöse Praxis als zahlreiche Wege zu G-tt[1] im Judentum und im Islam spürbar. Somit dient dieser Austausch der Wahrnehmung von Unterschiedlichkeit. Ein jüdisch-muslimischer Dialog soll nicht beim Erkennen von Gleichheit enden, sondern Anlass sein, die Wichtigkeit und den Wert von Unterschiedlichkeit zu erkennen.

Im Folgenden werden Veranstaltungsformate vorgeschlagen und diskutiert, die dazu anregen, religiöse Praktiken zur Schaffung jüdisch-muslimischer Allianzen und Bündnisse dialogisch zu erleben und zu reflektieren. Es werden Überlegungen zu verschiedenen Themen religiöser Praxis geboten: zu Gebet, Speisevorschriften, Lernkultur, künstlerisch-schriftliche Reproduktion von Koran und Tora, und Fastenbrechen.

---

1   Nach dem jüdischen Recht und der jüdischen Tradition gelten die verschiedenen Namen des Schöpfers als heilig und müssen mit größtem Respekt behandelt werden. Dokumente u. Ä., in denen der Name G-ttes vollständig geschrieben erscheint, werden folglich getrennt gehalten, nicht weggeworfen und gegebenenfalls vergraben. Um die Missachtung des heiligen Namens zu vermeiden, ist es üblich, einen Bindestrich einzufügen.

„Tandem" – das jeweils Eigene übersetzen lernen

Zunächst möchte ich mit einer persönlichen Geschichte beginnen: Während eines Arbeitstages in der Bibliothek der Freien Universität Berlin betete ich *Mincha* (Nachmittagsgebet). Es ist ein kurzes Gebet (ungefähr zwanzig Minuten), das aber in einem festgelegten Zeitfenster zwischen Mittag und Sonnenuntergang erfolgen soll, und ich hatte nicht viel Zeit. Während der Vorlesungszeit oder in der Klausurenphase stellt es für mich aufgrund der Hektik eine Herausforderung dar, eine stille, private Ecke an der Uni zu finden, die Gedanken abzuschalten und mich dem Gebet zu widmen. An diesem Tag wurde ich von einer muslimischen Studentin bemerkt. Ich hatte ihren Blick zwischen den Regalen wahrgenommen, dann war sie verschwunden. Am Ende des Gebets kam sie zu mir und meinte, dass auch sie manchmal hierher zwischen die letzten Bücherregale komme, wo sonst niemand sei, um zu beten. Wir unterhielten uns, und es stellte sich heraus, dass das mehrmalige tägliche Gebet eine Herausforderung für Muslim*innen und Jüd*innen sein kann. Die Begegnung war für mich der Höhepunkt dieses Tages. Beide verspürten wir Verbundenheit und Erleichterung, denn wir wussten, dass sich noch jemand mit grundlegenden, politischen Fragen zum Platz der Religion in der Universität beschäftigt und auch damit, ob radikale Diversität möglich und legitim ist.

Aus dieser persönlichen Begegnung entstand die Idee, diese und weitere Fragen als einen Anlass zum Zusammenkommen und Diskutieren zu nutzen – in Form eines Tandems, bei dem man sich über das Gebet oder andere religiöse Praktiken austauscht und diese hinterfragt. Mögliche weitere Fragen könnten lauten: Warum gibt es im Islam und Judentum festgelegte Strukturen und Zeiten für das Gebet? Warum gibt es physische

Cecilia Haendler

Positionen, die während des Gebets eingenommen werden, warum gibt es rituelle Handlungen wie z. B. Gebetswaschung oder *Tefillin/Tallit* (jüdische Gebetsutensilien)? Was bedeutet das Gebet uns persönlich? Aus diesen Diskussionen heraus können auch gemeinsame politische Positionen und Aktivitäten entwickelt werden, etwa hinsichtlich der Einbindung religiöser Praktiken in der Universität, der Bibliothek oder am Arbeitsplatz. Was kann das Fehlen eines Gebetsraums für Menschen bedeuten, deren Gebet sich nicht nur in Worten, sondern auch über Bewegungen des ganzen Körpers ausdrückt? All diese Fragen mit einer anderen Person zu diskutieren, kann dazu beitragen, sich selbst zu reflektieren, selbstbewusstere Positionen zu entwickeln und diese nach außen zu tragen.

Das Tandem kann sehr individuell ausgestaltet werden. Es ist zu empfehlen, sich anfangs über die Häufigkeit, den Zeitpunkt und den Ort der Treffen zu einigen, um eine gewisse Struktur festzulegen. Allerdings bietet die kleine Anzahl an Personen (üblicherweise zwei) auch viel Flexibilität und Individualität.

Speisegebote – Treffen zu Hause: bei mir, bei dir?

Speisegebote sind im Judentum und Islam eine grundlegende und wohlbekannte Form der religiösen Praxis. Jedoch ist für jüdische und muslimische Gemeinschaften ein starker Widerstand gegen die Einhaltung der Speisegebote vonseiten der nichtjüdischen und nichtmuslimischen Mehrheitsgesellschaft spürbar, beispielsweise wenn Tierschutzargumente instrumentalisiert werden, um gesellschaftlich zu polarisieren. Dieser Widerstand zeigt sich auch darin, dass es mit Schwierigkeiten verbunden ist, das Fleisch einkaufen zu können, das den jeweiligen Speisegeboten entspricht. Somit kann in einer Gesellschaft, die mehrheitlich christlich geprägt ist, die Einhaltung der jeweiligen Speisegebote für Muslim*innen und Jüd*innen eine Herausforderung darstellen.

Ein persönliches Treffen zwischen einem befreundeten muslimischen Paar, meinem Mann und mir zeigte, dass die religiöse Praxis der Speisegebote eine besondere Möglichkeit für die Schaffung jüdisch-muslimischer Begegnungen bietet. Das gemeinsame Einkaufen und Kochen, die Speisegesetze der anderen respektierend, erlebten wir als einen besonderen Weg der Annäherung und des Kennenlernens. Auf diese Weise haben wir Solidarität empfunden. Wir haben gemeinsam über Speisegebote im Judentum und Islam diskutiert, über Unterschiede und Gemeinsamkeiten. Wir sprachen z. B. über das Verbot von Schweinefleisch, über die Frage nach Medikamenten (nicht alle Inhaltsstoffe sind erlaubt), über Meeresfrüchte, die Unreinheit von Blut, über rituelles Schlachten, *koscher/halal*-Zertifikate und über Politik. Durch unsere Gespräche konnten wir gemeinsam Grundannahmen und Anschauungsweisen hinterfragen. Anders gesagt: Wir haben eine Normalität geschaffen, die die weiß-christlich dominierte Normalität infrage stellt.

Der jüdisch-muslimische Dialog kann durch gemeinsames Kochen, das Diskutieren von Speisegeboten und die Reflexion ihrer politischen Dimension auf lebendige Weise geführt werden. Jedes Treffen kann beispielsweise aus zwei Besuchen bestehen: Einmal trifft man sich bei einer muslimischen Familie oder Person, und dann bei einer jüdischen. Die Ausübung der Gastfreundschaft, die Freude des Kochens und zusammen Essens, das offene Haus und die gemütliche, warme Atmosphäre bieten einen Rahmen der Begegnung. Dadurch ergibt sich auch die Möglichkeit, eine Nähe zu den unterschiedlichen Alltagspraktiken der Anderen zu entwickeln und Vorurteile abzubauen.

Cecilia Haendler

Die Diskussionen, die sich dabei ergeben, können sich mit folgenden Themen befassen: die jüdischen und muslimischen Ideen von Heiligkeit und wie diese durch alltägliche Aktivitäten wie Essen und Trinken entwickelt werden, die Einhaltung von Speisegeboten und die eigene Positionierung in der Gesellschaft diesbezüglich, Speisegebote zur Stärkung und Erlebbarkeit der Verbindung zu G-tt.

Lernen an Weihnachten: Die Nutzung alternativer Zeiträume zum gemeinsamen Lernen

Weihnachten ist für die meisten Menschen in Deutschland eine wichtige Tradition. Die Feier des Weihnachtsfests gehört sogar zur in Deutschland christlich geprägten säkularen Kultur. Wenn die Mehrheit der Gesellschaft mit Weihnachten beschäftigt ist, können Muslim*innen und Jüd*innen sich Zeit zum gemeinsamen Lernen nehmen. Dadurch wird ein alternativer und intimer Raum des Lernens, der Wissensproduktion und Sprache beansprucht, während die Öffentlichkeit von Weihnachten absorbiert ist. Ein Gespräch von einer Minderheit zur anderen wird ermöglicht.

Gerade in der Weihnachtszeit ist es empfehlenswert, dem Assimilierungsdruck mehrheitsdeutscher Weihnachtskultur zu entkommen. Es gibt nämlich eine bestimmte Erwartung, dass sich nichtchristliche Bürger*innen christliche, neutralisierte Riten aneignen (mein Mann hat einmal beim Finanzamt explizit den Vorschlag eines Beamten erhalten, die eigenen traditionellen Feiertage hinter sich zu lassen und die des „neuen Heims" zu feiern). Durch das Lernen an Weihnachten wird ein eigener alternativer Raum gegen diese Anpassungspolitik geschaffen.

Außerdem gibt es sowohl im Islam als auch im Judentum eine traditionelle Lernkultur. Es handelt sich um eine Art des Lernens, die mit einer gesetzlichen Auslegung und mit religiöser Praxis verbunden ist. Sowohl im Judentum als auch im Islam gibt es den Ablauf einer Auslegung, die bei religiösen Texten beginnt und mit der Formulierung von praktischen Ge- und Verboten endet. Das gemeinsame Lernen von und der Austausch über gesetzliche Texte, Quellen und Vorstellungen sowie die gemeinsame Betrachtung, wie die alltäglichen Regeln aus alten Texten abgeleitet werden, bieten eine Möglichkeit, diese Lernkultur gemeinsam zu pflegen.

Es wäre möglich, sich, basierend auf einem Quellenstudium, gemeinsam mit einem festgelegten inhaltlichen Thema zu beschäftigen, z. B. mit den Rollen der Geschlechter oder dem Zusammenhang zwischen Religion und Natur. Eine transparente Diskussion der Themenwahl, wie bereits an anderer Stelle der Handreichung ausführlich dargelegt, fördert die Motivation der teilnehmenden Personen und die demokratische Ausgestaltung der jüdisch-muslimischen Initiative. Im Rahmen dieses jüdisch-muslimischen Lernens könnte man sich auch damit befassen, in welcher Art und Weise das Judentum in islamischen Quellen auftaucht und wie jüdische Texte den Islam thematisieren. Die Rolle von Gesetz und Recht in der Religion, praxisnahe Interpretation der gesetzlichen Vorschriften, die Wichtigkeit der Handlungen, Tora- und Korankommentare sowie bestimmte religiös-rechtliche Gelehrte sind mögliche weitere Themen für die Diskussion. Hierbei können durch vergleichende Analysen und Diskussionen gemeinsame und unterschiedliche Aspekte von Judentum und Islam herausgestellt werden. Dies ermöglicht die Reflexion der persönlichen Glaubensverständnisse und Positionierungen innerhalb der jüdischen oder muslimischen Gemeinschaft. Darüber hinaus werden jüdisch-muslimische Verständnisse, Wissensproduktion und Allianzen entwickelt und gestärkt.

Cecilia Haendler

In der praktischen Umsetzung ist es zu empfehlen, dass sowohl von jüdischer als auch von muslimischer Seite ein bestimmtes Thema mit entsprechenden Textgrundlagen vorbereitet wird, die dann gemeinsam studiert und diskutiert werden können. Dadurch sind eine gewisse Struktur und textbasierter Austausch gewährleistet.

Reproduktion von Tora und Koran: Sofer Stam und Kalligrafie

Die Reproduktion des Korans und der Tora wird in beiden Traditionen als wichtige Tätigkeit und besondere religiöse Praxis angesehen. Die Reproduktion dieser religiösen Quellen kann als Kunst des Abschreibens definiert werden. Wobei nicht nur die Auseinandersetzung mit den Inhalten der heiligen Texte zentral ist, sondern auch deren künstlerische Darstellung. Aufgrund der Heiligkeit der Texte wird diese Aufmerksamkeit auf jedes Wort und jeden Buchstaben gerichtet. So ist die arabische Kalligrafie zur Reproduktion des Korans ein besonderer Ausdruck islamischer Kultur. Die Wichtigkeit der Schrift und der künstlerische Prozess des Abschreibens sind auch im Judentum vorhanden. Der *Sofer Stam* (Schriftgelehrter) schreibt von Hand Tora-Rollen ab. Wie bei der arabischen Kalligrafie drückt sich darin eine angesehene Fähigkeit aus. Als Anlass eines jüdisch-muslimischen Dialogs können Orte besucht werden, wo an der Reproduktion der Tora und des Korans gearbeitet wird. So lernt man die Technik der Schrift, die verschiedenen Papiere und die Bedeutung der Buchstaben für den gesamten religiösen und künstlerischen Prozess der Reproduktion der heiligen Schriften kennen. Diskussionen über Stellenwert und Umgang mit den heiligen Schriften, ihre Heiligkeit und Körperlichkeit und die Rolle von Ästhetik und Kunst in Bezug auf Religion können dadurch angeregt werden.

Fastenbrechen als gemeinsamer Moment

Das Fasten stellt eine zentrale religiöse Praxis in Judentum und Islam dar. Zudem ist der Moment des gemeinsamen Fastenbrechens ein besonderer. So können durch diese religiöse Praktik eine spirituelle Erfüllung, die Stärkung des Gemeinschaftsgefühls und die Reflexion über den Wert des Lebens erfolgen. Es empfiehlt sich, das Fastenbrechen als jüdisch-muslimische Begegnung gemeinsam zu gestalten. Insbesondere der jüdische Fastentag *Yom Kippur* und der islamische Fastenmonat *Ramadan* bieten eine Gelegenheit, sich am Abend zum Austausch und Kennenlernen mit Essen und Trinken, Musik und Diskussionen zu treffen. Gelegenheiten des gemeinsamen Feierns von religiösen Festen beschränken sich nicht nur auf Fastentage. Es bietet sich an, zusammen Tage zu finden, an denen sich religiöse Ereignisse überschneiden, die gemeinsam gefeiert werden können (z. B. der Anfang eines neuen Monats). Das Teilen und gemeinsame Erleben dieser religiösen Praxis ist eine besondere Form der jüdisch-muslimischen Allianzbildung.

Parität und Anerkennung

Die vorgestellten Beispiele zur Nutzung von religiöser Praxis in der Bildung jüdisch-muslimischer Allianzen bieten Möglichkeiten, zeigen Anlässe und Themen für Austausch und gemeinsames Lernen. Durch ein Tandem zu religiöser Praxis, das gemeinsame Kochen und Kennenlernen von Speisevorschriften, das Lernen an Weihnachten, die Reproduktion von Tora und Koran sowie das gemeinsame Fastenbrechen kann religiöse Praxis gemeinsam reflektiert, können persönliche Hinterfragungsprozesse angeregt und jüdisch-muslimische, gesellschaftspolitische Positionen diskursiv entwickelt werden. Hierbei sollten die Parität und Anerkennung von Unterschiedlichkeit im Vordergrund stehen.

Cecilia Haendler

Der Elefant im Raum oder warum der Nahostkonflikt als Gesprächsthema in jüdisch-muslimischen Gesprächskreisen nicht ausgespart werden sollte

Von Gil Shohat

An einem nasskalten Adventssonntag im vergangenen Dezember lud der jüdisch-muslimische Thinktank Karov-Qareeb (קרוב قريب) zu einer Diskussionsrunde in die Berlinische Galerie ein. Im Anschluss wurde die Möglichkeit zur Teilnahme an einem sogenannten „WorldCafé" gegeben, einem angeleiteten offenen Redekreis zu bestimmten Themenbereichen. Eines der drei WorldCafés widmete sich dem Thema „Der Elefant im Raum. Wie wir (nicht) über den Nahostkonflikt reden sollten". Die Resonanz war im Vergleich zu den anderen beiden Redekreisen mit Abstand am größten und blieb auch nach einer kurzen Pause ungebrochen, als weitere Teilnehmende dazukamen. Es entwickelte sich in nur vierzig Minuten ein offenes, teils sehr bewegendes und persönliches Gespräch über die vielfältigen Gründe für eine Beschäftigung mit dem Thema Israel und die palästinensischen Autonomiegebiete im Rahmen eines jüdisch-muslimischen Dialogs. Vor allem rückten die persönlichen Erlebnisse der Teilnehmenden in den Vordergrund. Was die jüdischen wie muslimischen Teilnehmenden vor allem verband, war die Sehnsucht nach einer gemeinsamen empathischen Sprachregelung, die die allzu häufige Aufladung des Themas mit Wut, Antagonismus, ja sogar Hass überwinden und damit einen Dialog auf Augenhöhe ermöglichen könnte. Entkrampft über die Situation in Israel und den palästinensischen Autonomiegebieten zu sprechen, war ein großes Bedürfnis der überwiegenden Mehrheit der Veranstaltungsteilnehmenden an diesem Nachmittag, wenngleich über die eigentliche Situation im Heiligen Land gar nicht gesprochen wurde. Trotz der sich weiter verschlechternden politischen Realität in Nahost brachte diese Begebenheit einen Moment der Solidarität hervor, der in einem solchen Zusammenhang sonst leider eher die Ausnahme als die Regel darstellt.

Der jüdisch-muslimische Dialog in Deutschland hat vielfältige Potenziale. Jüd*innen und Muslim*innen in Berlin, in der Bundesrepublik und in Europa beschäftigen zahlreiche virulente Themen, die bereits zu Beginn dieser Handreichung ausführlich dargelegt wurden und über die es sich gemeinsam zu sprechen lohnt: die geteilte Erfahrung der Diskriminierung, Ausgrenzung und Fremdmachung als religiöse Minderheit durch die weiß-christliche „Dominanzkultur" (Birgit Rommelspacher), das damit zusammenhängende Spannungsverhältnis zwischen Selbst- und Fremdzuschreibungen in der Öffentlichkeit oder auch die verschiedenen Erfahrungen in den internen Debatten ihrer eigenen Gemeinschaften, etwa zum Verhältnis von Säkularismus und Religion, aber auch zu Diskriminierung *innerhalb* der Gemeinschaften.

Ein Thema, das in jüdisch-muslimischen Dialogprogrammen unbestrittenes Konfliktpotenzial birgt, gleichzeitig jedoch dringlich ist, ist der sogenannte „Nahostkonflikt". Es dauert häufig nicht lange, bis die meisten jüdisch-muslimischen Gesprächskreise in Deutschland, größtenteils dann, wenn es wieder zu gewaltvollen Auseinandersetzungen in Nahost gekommen ist, an den Punkt gelangen, an dem es kein Zurück mehr gibt. Wie hältst du es eigentlich mit Israel? Befürwortest du die Taktik der Hamas? Wer trägt Schuld an der neuesten militärischen Eskalation? Wer will Frieden, wer nicht? Es tun sich dabei

Gil Shohat

sehr tiefe, manchmal nicht zu überbrückende Gräben zwischen und innerhalb der hier im Fokus stehenden Gruppen auf, die eine weitere produktive und vertrauensvolle Zusammenarbeit erschweren.

Obschon es zweifellos wichtig ist, dass sich hiesige Diskussionen zwischen Jüd*innen und Muslim*innen, egal welcher Nationalität, nicht primär und ständig um die Situation in Nahost drehen, besteht dennoch ein großer Bedarf an Strategien und Ansätzen, um dem sogenannten „Elefanten im Raum" angemessen begegnen zu können. Dieser Beitrag erörtert daher anhand theoretischer Zugänge und praktischer Beispiele, wie die diskursive Auseinandersetzung mit dem israelisch-palästinensischen Konflikt zwischen Jüd*innen und Muslim*innen in Deutschland trotz der unzweifelhaft hohen Brisanz dennoch auf Augenhöhe gelingen kann, ohne dabei existierende Machtungleichgewichte, unterschiedliche Sprecher*innenpositionen und verschiedene persönliche Bezüge zur Situation zu negieren.

Warum im jüdisch-muslimischen Dialog über den Nahostkonflikt sprechen?

Das Eingangsbeispiel macht klar: Der Redebedarf ist groß. Wie kommt es aber, dass ein Thema, das scheinbar nicht direkt mit der Lebensrealität von Jüd*innen und Muslim*innen in Deutschland zu tun hat, dennoch so sehr im Fokus der hiesigen Debatten steht? Schließlich haben ja beileibe nicht *alle* in Deutschland lebenden Jüd*innen und Muslim*innen einen direkten oder auch nur einen indirekten Bezug zum Nahen Osten, geschweige denn zu Israel und/oder den palästinensischen Autonomiegebieten. Die Gründe dafür sind selbstverständlich vielschichtig und nicht vom dominanten öffentlichen Diskurs und der deutschen Geschichte des 20. Jahrhunderts zu trennen. Im „Land der Täter", auf dessen Boden (erst) vor bald 78 Jahren die „Endlösung der Judenfrage" beschlossen wurde und im Zuge der *Shoah* etwa sechs Millionen Jüd*innen in Europa getötet wurden, sind öffentliche Debatten über die eigene Schuld nahezu eminent mit der Haltung zum heutigen Israel verwoben, das als einziger Staat mit einer jüdischen Bevölkerungsmehrheit weltweit nur drei Jahre nach dem Ende des Zweiten Weltkriegs seine Unabhängigkeit erklärte. Gleichzeitig ist diese Region für viele, vor allem für monotheistisch-religiöse Menschen, mehr als nur ein Ort unter vielen, sondern gleichzeitig auch spirituelle und religionsgeschichtliche Projektionsfläche, der besondere Aufmerksamkeit zukommt. All dies und vieles andere führt zu einer Omnipräsenz dieses vergleichsweise kleinen Fleckens Erde in der deutschen Medienlandschaft, die wiederum den „Nahostkonflikt" als stellvertretend für viel grundsätzlichere Fragen der Weltpolitik erscheinen lässt.

Diese komplizierten Verflechtungen, die hier nur kurz skizziert werden können, führen häufig dazu, dass der jüdisch-muslimische Dialog von der hiesigen politischen und öffentlichen Debatte überwölbt oder gar instrumentalisiert wird. Dabei werden dann, wie in anderen öffentlichen Diskursen auch, die Stimmen jüdischer und muslimischer Akteur*innen oftmals überhört beziehungsweise nur diejenigen gehört, die einigermaßen in die hegemoniale Debattenkultur passen. Eine solche Überwölbung des jüdisch-muslimischen Dialogs durch mehrheitsdeutsche Selbstfindungs- und Ausgrenzungsdebatten kann wiederum dazu führen, dass wichtige Solidarisierungen, etwa zwischen progressiven Akteur*innen der jüdischen und muslimischen Gemeinschaft in einer (wieder) nach rechts driftenden deutschen Gesellschaft, erschwert werden.

Gil Shohat

Dabei ist es, nimmt man das Beispiel Berlin, allein aus demografischen Gründen unsinnig, den „Elefanten im Raum" im deutschsprachigen jüdisch-muslimischen Dialog zu umgehen. Schließlich leben einerseits in Deutschland viele Menschen palästinensischer Herkunft – Berlin beherbergt mit schätzungsweise 35 000 bis 40 000 (Deutsch-)Palästinenser*innen die größte palästinensische Diasporagruppe Europas –, andererseits haben auch viele in Berlin lebende Jüd*innen wenn nicht direkten, so doch häufig einen indirekten familiären Bezug zu Israel, von den in den letzten Jahren zu Tausenden nach Berlin gezogenen Israel*innen ganz zu schweigen. Doch abgesehen davon erfüllt Israel nach den Erfahrungen der deutschen Geschichte für viele Jüd*innen in Deutschland eine elementare Schutzfunktion, sollte es erneut auch nur ansatzweise zu ähnlichen Zuständen kommen wie vor gerade einmal achtzig Jahren. Gleichzeitig ist das historische Palästina für viele Nachfahren der 1948 und 1967 vertriebenen Palästinenser*innen ein Sehnsuchtsort, der ihnen verwehrt wird.

Sieht man sich diese komplexe Gemengelage hierzulande an, mag man in vorauseilendem Gehorsam kapitulieren und das Thema am liebsten aussparen – so wie dies in den meisten Fällen auch getan wird. Wie jedoch das obige Beispiel zeigt, steht der „Elefant" nun mal im Raum, und durch ein Verschweigen des Themas sind dann diejenigen Jüd*innen und Muslim*innen, die sich ehrlich und aufrichtig mit der Situation in Nahost verbunden fühlen, damit keinen Schritt weitergekommen. Aufgrund dessen sowie der oben beschriebenen diskursiven Verschränkung des deutschen Diskurses über Jüd*innen und Muslim*innen mit der Situation in Israel und den palästinensischen Autonomiegebieten braucht es eine ehrliche Auseinandersetzung mit dem Thema (nicht nur) in jüdisch-muslimischen Foren. Nur so kann produktiv mit dieser komplexen Situation umgegangen werden – auch und vor allem im Hinblick auf die Rolle der jüdischen und muslimischen Gemeinschaften in der deutschen Gesellschaft.

Wie könnte der „Elefant" aus dem Raum geschafft werden?

Bei aller Virulenz des Themas ist wichtig zu betonen: Nur weil Redebedarf herrscht, sollten Jüd*innen und Muslim*innen nicht automatisch als Stellvertreter*innen für alle Israel*innen und Palästinenser*innen markiert werden, weder von der „Mehrheitsgesellschaft" noch zwischen oder innerhalb der jüdischen und muslimischen Gemeinschaft. So beschrieb etwa Armin Langer, deutsch-jüdischer Autor ungarischer Herkunft und Mitbegründer der jüdisch-muslimischen Salaam-Schalom-Initiative, in einem Interview mit der Online-Ausgabe des Magazins *Fluter*, wie er bei seinen Besuchen in Berliner Schulklassen auf Nachfragen zum Nahostkonflikt reagiert:

> Beim ersten Mal stellte mir ein palästinensischstämmiger Jugendlicher die immer wiederkehrende Frage: Warum befürwortest du die Besatzung meiner Heimat? Bei unserem letzten Gespräch habe ich mich mit dem Jungen darüber unterhalten, wo es die besten Falafel von Neukölln gibt. Er hat verstanden, dass er zwischen Menschen jüdischen Glaubens und Befürwortern der israelischen Siedlungspolitik unterscheiden muss.[2]

---

2 https://www.fluter.de/antisemitismus-und-islamophobie-bei-salaam-schalom-kaempfen-juden-und-muslime-gemeinsam-dagegen, aufgerufen: 07.01.2019.

Langers Beispiel steht stellvertretend für einen doppelten Rechtfertigungsdruck. Zum einen seitens der deutschen Öffentlichkeit, indem ihm als nichtisraelischem Juden überhaupt die Frage nach dem Nahostkonflikt gestellt wird. Zum anderen, so macht es seine Antwort deutlich, gibt es auch *zwischen* Jüd*innen und Muslim*innen Momente der wechselseitigen Einforderung von Rechtfertigung in Bezug auf den israelisch-palästinensischen Konflikt, die jedoch nicht immer erfüllt werden können oder müssen. Bei Langer wird, es gibt natürlich auch den umgekehrten Fall, ein Jude in Deutschland von einem Muslim als Stellvertreter für die Situation in Nahost markiert, obwohl Langer, im Gegensatz zu seinem Gegenüber, offensichtlich gar keinen direkten Bezug zur Region hat. „Israel" wird in diesem Fall also wie „Zionist*innen" als eine Chiffre für „Jüd*innen" gedacht – genauso übrigens wie viele Menschen, auch in der jüdischen Gemeinschaft, es implizit abwertend meinen, wenn sie „Araber*innen" oder „Palästinenser*innen" sagen.

Es ist also für alle, die sich im jüdisch-muslimischen Dialog (und darüber hinaus) engagieren wollen, ungemein wichtig, in diesem Zusammenhang zu *differenzieren*: Nicht alle Jüd*innen sind Israel*innen, nicht alle Israel*innen sind Jüd*innen (zwanzig Prozent der Bevölkerung Israels sind palästinensischer Abstammung), und nicht alle Israel*innen und Jüd*innen sind qua Zugehörigkeit zur Religionsgemeinschaft oder Staatsangehörigkeit Zionist*innen. Genauso sind nicht alle Palästinenser*innen muslimischen Glaubens. Diese Differenzierungen und Graustufen in der jüdisch-muslimischen, aber auch in der Nahostdebatte finden jedoch im Zeitalter der Filterblasen noch weniger Gehör als früher. Sie gehen unter in einem Meer gegenseitiger Schuldzuweisungen und auch aufgrund der von der deutschen Öffentlichkeit vorgenommenen Hierarchisierung von Opfergruppen, die in manchen Fällen jüdische und muslimische Menschen gegeneinander ausspielt. Es werden Konkurrenzsituationen geschaffen, die die wechselseitige Solidarität im Kampf für die Sichtbarkeit und den Schutz von Minderheiten untergraben.

Die Einordnung und Dekonstruktion dieser und vieler weiterer Vorurteile stehen im Fokus, wenn die beiden Konfliktpädagogen Shemi Shabat und Mohamed Ibrahim in Berliner Schulklassen gehen, um über den Nahostkonflikt aufzuklären. Der Deutsch-Israeli Shabat und der Deutsch-Palästinenser Ibrahim kennen sich seit knapp zwölf Jahren. Fast genauso lange leisten sie ungemein wichtige Grundlagenarbeit, um die Situation in Nahost in Berliner Klassenzimmern einzuordnen und gleichzeitig den persönlichen Erfahrungen und Ansichten der mittel- oder sogar unmittelbar davon betroffenen Schüler*innen die nötige Aufmerksamkeit zu verschaffen.

Für die beiden Konfliktpädagogen steht die Herstellung eines gegenseitigen Verständigungsraums im Zentrum ihrer Arbeit. In Schulklassen, in denen die Mehrheit oft einen muslimischen und/oder arabischen Hintergrund hat, geben der Deutsch-Israeli und der Deutsch-Palästinenser ein authentisches Beispiel dafür, wie zwei Menschen, die politisch und medial oft zu Feind*innen gemacht werden sollen, sich auf Augenhöhe begegnen. Diese Begegnung auf Augenhöhe führt auch dazu, dass die an den Workshops beteiligten Schüler*innen Vertrauen zu den beiden fassen und sich im Laufe der Zusammenarbeit auch dazu bereit fühlen, sich gegenteilige Positionen – etwa in Form von Planspielen – zeitweilig anzueignen und damit besser zu verstehen. Wo Lehrkräfte häufig nur mit den Schultern zucken und der Sensibilität und Wut dieser Schüler*innen mit Unverständnis begegnen, thematisieren Shabat und Ibrahim die Haltungen der

Jugendlichen auch im Hinblick auf ihre eigenen Diskriminierungserfahrungen in der deutschen Gesellschaft.

Dies tun die beiden nicht nur in vorwiegend muslimischen geprägten Schulklassen, sondern auch bei Begegnungstreffen von muslimischen und jüdischen Stipendiat*innen des Ernst Ludwig Ehrlich Studienwerks und des Avicenna-Studienwerks. Hierbei kommen die Studierenden etwa zu mehrtätigen Workshops zusammen, wo neben den eigenen Erfahrungen mit Antisemitismus und antimuslimischem Rassismus auch die Frage nach der Dringlichkeit dieser Phänomene in den eigenen Gemeinschaften diskutiert wird. Dabei eröffnen die beiden einen Raum für produktiven Dissens, auch und vor allem *innerhalb* der jeweiligen Gemeinschaften. Der „Elefant im Raum" wird dabei zwar nicht ins Zentrum der Workshops gestellt, kommt in dessen Verlauf jedoch immer wieder zur Sprache – eben aufgrund der unterschiedlichen persönlichen Verknüpfungen der jeweiligen Stipendiat*innen – und kann dadurch in einem vertrauten Rahmen als ein Thema unter vielen im jüdisch-muslimischen Dialog behandelt werden.

Die in diesem Beitrag stets hervorgehobene Bedeutung von *Vertrauen* ist dabei wichtig, um „historische Empathie" als Grundlage für jede Auseinandersetzung mit politisch und historisch kontroversen sowie gleichzeitig persönlich sensiblen Themen zu erzeugen. Dieses von zwei israelischen Wissenschaftlern und Aktivisten, dem Historiker Amos Goldberg und dem politischen Theoretiker Bashir Bashir, entwickelte Konzept basiert auf der Prämisse, dass institutionalisierte und ritualisierte Formen und Praktiken des geteilten Erinnerns und der gegenseitigen Anerkennung von historisch tradierten Traumata einen Begegnungsraum ermöglichen, in dem auch für die jeweilig andere Seite schmerzhafte Themen besprochen werden können. Die wechselseitige Akzeptanz, dass die Anderen ebenfalls Verluste kompensieren mussten, die noch nachwirken und aus denen sie Ansprüche für die Gegenwart und Zukunft ableiten, soll dabei helfen, die eigene Perspektive zu kontextualisieren und sogenannte „Opferkonkurrenzen" zu überwinden. Dabei soll es, so betonen Bashir und Goldberg, eben *nicht* darum gehen, bestimmte Erfahrungen – etwa den Holocaust der europäischen Jüd*innen und die Vertreibung der Palästinenser*innen zwischen 1947 und 1949, von Letzteren *Nakba* (deutsch: Katastrophe) genannt – empirisch gegeneinander aufzuwiegen. Es bedeutet aber schon, dass sich die jeweilige Seite der Bedeutung dieser Traumata für heutige Identitätsvorstellungen bewusst wird, ohne dies sofort bewerten zu wollen. So ergab sich etwa im oben beschriebenen WorldCafé eben deswegen schnell eine vertrauensvolle Atmosphäre, weil die Beteiligten bereit waren, die jeweiligen persönlichen Bezüge der Sprechenden erst einmal zu akzeptieren. Das wiederum ermutigte weitere Teilnehmer*innen, sich an dem Gespräch zu beteiligen.

Diese Form des gemeinsamen Erinnerns und Gedenkens mithilfe „historischer Empathie" kann Räume schaffen, die in Bezug auf den jüdisch-muslimischen Dialog in Deutschland eine Haltung zum „Elefanten im Raum" ermöglicht, die von gegenseitiger Empathie, Solidarität und Zusammenhalt geprägt ist, zunächst jenseits der jeweils individuellen Betroffenheit der Gesprächsteilnehmenden. Dabei kommt es explizit *nicht* darauf an, dass man sich gemeinsam *einer* politischen Position zur Situation in Nahost bemächtigt. Viel wichtiger ist es, sich zu vergegenwärtigen, dass bei jedem Konflikt zwischen Menschen auch menschliche Opfer entstehen. Eine solidarische, auf der Sprache der universalen Menschenrechte beruhende Haltung könnte daher auch im jüdisch-muslimischen Dialog zu einer produkti-

Gil Shohat

ven Gesprächsatmosphäre beitragen, womit einem solchen Gesprächsformat durchaus ein normativer Kern innewohnt. Nur wenn es Einigkeit über basale menschenrechtliche Grundsätze gibt, kann ein Dialog fruchtbar gemacht werden und gleichzeitig Raum für unterschiedliche Erfahrungs- und Erwartungshorizonte entstehen.

Fazit und Ausblick: Den „Elefanten" aus dem Raum schaffen?!

Dieser Beitrag setzte sich mit Chancen und Risiken in Bezug auf eine Auseinandersetzung mit der Situation in Israel und den palästinensischen Autonomiegebieten für den jüdisch-muslimischen Dialog auseinander. Es wurde kursorisch herausgearbeitet, dass jüdische und muslimische Akteur*innen, wollen sie sich dieses historisch und aktuell hochsensiblen Themas annehmen, einem diskursiven Dickicht aus gegenseitigen Rechtfertigungserwartungen, diskursiven Hegemonien der deutschen Öffentlichkeit sowie persönlichen Bezügen zur Region gegenüberstehen. Gleichzeitig wurde jedoch aufgezeigt, wie eine vertrauensvolle, auf gegenseitige Empathie zielende diskursive Praxis die diesem Thema immanente Spannung in Richtung eines offenen, ehrlichen und auch produktiven Dialogs ohne Vorbedingungen verwandeln kann. Dafür ist zunächst eine sachgemäße, historisch fundierte Differenzierungsleistung nötig, die auf einem gemeinsamen Wissensstand beruht und die man zu den mannigfaltigen persönlichen (oftmals emotionalen) Zugängen in Beziehung setzen kann. Eine solche empathische wie wissenschaftlich fundierte Herangehensweise an die Thematik kann dabei helfen, vorgefertigte Meinungen und exklusive Solidaritäten zugunsten eines gemeinsamen, „multidirektionalen Erinnerns" (Michael Rothberg) zu erweitern und gleichzeitig das Bewusstsein für die Situation der jeweiligen Akteur*innen als Teil einer religiösen und gesellschaftlichen Minderheit in Deutschland zu schärfen. Professionell angeleitete Gesprächskreise, Workshops und Denkfabriken wie die oben beschriebenen, in denen unterschiedliche Personen sich sicher fühlen, ihre Erfahrungen zu teilen, können ein erster Schritt in diese Richtung sein. Das bedeutet natürlich nicht, dass keine Differenzen mehr zwischen den Teilnehmenden bestehen werden. Es bedeutet aber schon, sich dieses Diskurses eigenständig zu bemächtigen, anstatt ihn sich von außen oktroyieren zu lassen. Dadurch könnten viele Stimmen, die im hiesigen medialen und öffentlichen Diskurs bisher unterrepräsentiert sind, zusammenfinden und gemeinsame Grundlagen in ihrer Haltung zum „Elefanten" ausmachen, So könnte langfristig auch der hiesige jüdisch-muslimische Dialog für die deutsche Gesamtöffentlichkeit sichtbarer und wirkungsvoller gemacht werden. Es ist höchste Zeit, den „Elefanten" gemeinsam aus dem Raum zu schaffen.

Gil Shohat

Reflexionseinheiten im jüdisch-muslimischen Dialog

Von Larissa Zeigerer

Jüdisch-muslimischer Dialog dient insbesondere dazu, individuelle und gemeinschaftliche Vorstellungen und Verständnisse im gemeinsamen und diskursiven Austausch zu schaffen und gleichermaßen sich selbst und strukturelle Aspekte zu hinterfragen. Unterstützend wirken hierfür Reflexionseinheiten, welche die dialogischen Interaktionen und persönlichen Wahrnehmungen bewusst hinterfragen.

Was in der Theorie eindeutig scheint, ist in der Praxis ein komplexer Prozess, dessen gelingende Umsetzung von unterschiedlichen Faktoren abhängt. Einige dieser grundlegenden Faktoren für eine erfolgreiche Reflexion im Rahmen von Dialogprojekten werden im Folgenden näher beleuchtet.

Reflexionseinheiten beinhalten ein differenziertes Zurückschauen auf Aktivitäten und Vorgänge muslimisch-jüdischer Begegnungen und ein Widerspiegeln der persönlichen Wahrnehmungen. Auch im Moment des Zurückschauens ist eine bewusste und kritische Auseinandersetzung mit persönlichen Wahrnehmungen wichtig. Dadurch entsteht ein Kreislauf der bewussten Wahrnehmung und des Zurückschauens auf das Wahrgenommene, der bewussten Handlung und des Zurückschauens auf die Handlungen. Somit werden auf einer Metaebene Handlungen und Wahrnehmungen vergegenwärtigt und hinterfragt.

Relevanz von Reflexionseinheiten

Zunächst einmal gilt es zu verstehen, warum Reflexionseinheiten in jüdisch-muslimischen Begegnungen relevant sind. Unabhängig davon, welches Veranstaltungsformat gewählt wird, sind Reflexionseinheiten wichtig, um das Erlebte und Wahrgenommene bewusst aufzuarbeiten und zu vertiefen. Der Austausch und Aufbau von Verständnis im Rahmen des muslimisch-jüdischen Dialogs kann durch Reflexionseinheiten verstärkt werden, da sie über das inhaltlich-thematische Gespräch hinausgehen. Insbesondere wenn ein Format gewählt wird, das über mehrere Stunden oder Tage andauert, vielleicht sogar häufige Treffen über Monate beinhaltet, sind regelmäßig stattfindende Reflexionseinheiten von Bedeutung, damit die thematische Arbeit hinterfragt und ergänzt werden kann. Denn Reflexion dient ergänzend im weiteren Verlauf auch dazu, besser auf die Teilnehmer*innen eingehen zu können und das Programm gegebenenfalls an die Bedürfnisse der Mitwirkenden anzupassen. Dadurch wird zudem ein Raum geschaffen, in dem mögliche Probleme beispielsweise in Bezug auf Gruppendynamik, Organisation oder Umgangsformen lösungsorientiert diskutiert werden können.

Jüdisch-muslimischer Dialog dient im Allgemeinen dazu, persönliche Verortungen und Wahrnehmungen auch in Bezug auf die Gruppe bewusst zu verstehen und zu überdenken. Im Reflexionsprozess wird dies verstärkt, indem das Erlebte besprochen und die Erfahrungen vertieft sowie gruppendynamische und organisatorische Veränderungen basierend auf den Bedürfnissen der Teilnehmer*innen vorgenommen werden. Dadurch wird Vertrauen untereinander und Verständnis füreinander gestärkt.

Larissa Zeigerer

Reflexionseinheiten in der Praxis

Reflexionseinheiten unterschieden sich vom übrigen Dialog sowohl inhaltlich als auch formal. Es geht dabei weniger um thematisch-inhaltliche Fragen, sondern mehr um die Auseinandersetzungen der Teilnehmer*innen mit sich selbst und der Gruppe. Darüber hinaus kann die Einheit auch um eine Evaluierung des Programms und der organisatorischen Abläufe ergänzt werden. Eine ausführliche Erläuterung zur Evaluierung von Dialogprogrammen wird im Kapitel zur nachhaltigen Ergebnissicherung dargelegt. Dennoch ist anzumerken, dass die Selbst- und Gruppenreflexion im Vordergrund stehen sollte und nicht die Evaluierung der Durchführung oder Organisation des Programms.

Erfahrungsgemäß können sich die Dauer und Häufigkeit der einzelnen Reflexionseinheiten lang anfühlen. Sich die Zeit zu nehmen, den Raum für persönliche Eindrücke und Empfindungen zu öffnen, ist jedoch zentral, um zuhören und bewusst wahrnehmen zu können. Jede*r braucht unterschiedlich viel Zeit, um sich zu öffnen. Folglich ist es notwendig, ausreichend Zeit für Reflexionseinheiten einzuplanen.

Zu empfehlen sind Gruppen mit etwa fünf bis zwölf Teilnehmer*innen, sodass für alle die Möglichkeit zum Öffnen, Mitteilen und Zuhören besteht. Es können Partner*innenübungen eingebunden werden, um ein intimes Gespräch anzuregen. Ergänzend dazu ist das gemeinsame Reflektieren in der Gruppe nützlich, damit die Teilnehmer*innen ihre Eindrücke untereinander austauschen, neue Denkanstöße erhalten und etwaige Unstimmigkeiten in der Gruppe klären können.

Schauen wir konkret auf jüdisch-muslimische Begegnungen und deren Reflexionseinheiten, so bieten sich zwei unterschiedliche Herangehensweisen bezüglich der Aufteilung der Teilneh-

mer*innen in Kleingruppen an. Beide Möglichkeiten haben ihre
Vor- und Nachteile.

1. Reflexion im innerjüdischen und innermuslimischen Rahmen

Bei innerjüdischen und innermuslimischen Reflexionseinheiten
kommen Teilnehmer*innen aus der gleichen Tradition zusammen. Es ist zu empfehlen, die Teilnehmer*innen selbst wählen
zu lassen, ob sie sich der Gruppe jüdischer oder muslimischer
Teilnehmer*innen zugehörig fühlen. Dabei sollte auch klar in
der Gruppe kommuniziert werden, dass Selbst-Verortungen
respektiert werden. Diese Vorgehensweise ist deshalb zu betonen, weil Ein- und Aufteilungen nach religiösen beziehungsweise weltanschaulichen Zuordnungen nicht unproblematisch
sind: Erstens sind die Kategorien jüdisch und muslimisch nicht
so eindeutig, wie sie auf den ersten Blick erscheinen mögen. Es
gibt unzählige Strömungen, Gruppierungen, lokale und fami-
liäre Traditionen und Glaubensauffassungen. Nicht alle davon
werden mehrheitlich anerkannt oder zu größeren Verbänden
und religiösen Gemeinschaft(en) hinzugezählt. Zweitens gibt
es unterschiedliche Auffassungen darüber, unter welchen Um-
ständen sich jemand als Mitglied einer Glaubensgemeinschaft
zuordnen kann, also was, zugespitzt ausgedrückt, die Aufnah-
mekriterien sind. Darüber hinaus ist es drittens möglich, dass
eine Person sich mehreren und unterschiedlichen Traditionen
zugehörig fühlt, sodass keine klare Zuordnung von außen getroffen werden kann. Da durch die Reflexion ein geschützter,
persönlicher und vertrauensvoller Raum geschaffen werden soll,
ist es wichtig, sich gegenseitig zu respektieren und die persönlichen Verortungen zu achten.

Folgendes Beispiel soll veranschaulichen, wie Reflexionseinheiten in innermuslimischen und innerjüdischen Gruppen

Larissa Zeigerer

wirken können: Teilnehmer*innen der seit 2010 alljährlich stattfindenden Muslim Jewish Conference (MJC)[3] berichten vielfach, dass die innerjüdischen und innermuslimischen Reflexionseinheiten als Ergänzung zum inhaltlichen Programm sinnvoll waren, um die Vielfalt innerhalb der jeweiligen Tradition zu entdecken und ein vielfältiges Selbstverständnis zu gestalten. Hierbei finden auch kontroverse Diskussionen über Religionsauffassungen und persönliche Erfahrungen sowohl in der Mehrheitsgesellschaft als auch innerhalb der eigenen religiösen Gemeinschaft statt. Gerade das Erkennen von und die kritische Auseinandersetzung mit Vorurteilen, Verletzungen und Ausgrenzungserfahrungen, die in Reflexionseinheiten behutsam aufgefangen werden können, ermöglichen nachhaltige und positive Begegnungen, Verständnis füreinander und ein gemeinsames Selbstbewusstsein.

2. Reflexion im jüdisch-muslimischen Rahmen

Neben Reflexionseinheiten im innerjüdischen und innermuslimischen Rahmen sollten selbstverständlich auch jüdisch-muslimische Einheiten stattfinden.

Für die muslimisch-jüdischen Reflexionseinheiten ist es möglich, die bestehenden Gruppenkonstellationen aufzulockern, sodass unterschiedliche Teilnehmer*innen in den Austausch kommen, neue Perspektiven kennenlernen und eine andere Gruppendynamik entsteht. Dies mag erst einmal kontraintuitiv erscheinen, denn Kleingruppen müssen verbindlich und ohne Teilnehmer*innenfluktuation sein, damit sie an Vertrauen arbeiten beziehungsweise dieses aufbauen können. Allerdings sind Reflexionseinheiten in den jüdisch-muslimischen Dialog ins-

---

3 Das folgende Beispiel bezieht sich auf die MJC 2017.

gesamt eingebettet, sodass auf Vertrauensaufbau, persönlichen und ausführlichen Kontakt und Kommunikation zwischen Teilnehmer*innen während des gesamten Dialogs geachtet werden muss. Besteht diese Grundlage im gesamten Programm, sorgt eine Neuverteilung der Teilnehmer*innen während der Reflexionseinheiten für Abwechslung, neue Perspektiven und vielfältige Kontakte unter den Teilnehmer*innen. Zudem besteht die Möglichkeit, sich über die inhaltlichen Themen der Begegnung mit anderen Teilnehmer*innen auszutauschen.

Für beide Formen der Reflexionsgruppenarbeit gilt, dass Reflexionseinheiten im muslimisch-jüdischen Rahmen ein wichtiger Bestandteil sind, um sich die inhaltlichen Diskussionen zu vergegenwärtigen und diese mit etwas Abstand hinterfragen zu können, Perspektivwechsel anzuregen und Verständnis füreinander zu fördern. Darüber hinaus können die Reflexionseinheiten durch andere Personen als die Referent*innen des Dialogprogramms geleitet werden. Diese veränderte Zusammensetzung kann es Teilnehmer*innen erleichtern, Kritik bezüglich inhaltlichen oder organisatorischen Themen zu äußern.

3.Beispielfragen und -themen
Basierend auf persönlichen Erfahrungen in Reflexionseinheiten bei jüdisch-muslimischen Begegnungen werden in der Folge Beispielfragen und Themen als Anregungen und Denkanstöße erläutert.

Zu Beginn einer Reflexionseinheit ist zu empfehlen, dass sich alle noch einmal kurz vorstellen, insbesondere bei neuen Gruppenzusammensetzungen. Ergänzend zur Vorstellungsrunde sollten die Teilnehmer*innen die Möglichkeit haben, unabhängig vom gesellschaftlichen und tagessituativen Kontext ihre aktuelle und persönliche Stimmung mitzuteilen. Dies kann

Larissa Zeigerer

beispielsweise mittels Stimmungskarten methodisch angeleitet werden. Diese Stimmungskarten können Postkarten, Fotos oder Zeichnungen sein. Es geht darum, dass die Teilnehmer*innen eine Assoziation des Gezeigten mit ihrer Stimmungslage herstellen können. Auch bestimmte Fragen können dazu anregen, die persönlichen Empfindungen bewusst wahrzunehmen und darüber nachzudenken. Es bieten sich beispielsweise folgende Fragen an: Wie fühlst du dich jetzt gerade in diesem Moment? Wie bist du heute Morgen aufgestanden? Wie bist du zu diesem Ort hier angereist? Der Kreativität bezüglich der Auswahl der Fragen sind keine Grenzen gesetzt. Diese Fragerunde zu Beginn sollte möglichst kurz, ohne viele Nachfragen oder Diskussionen, gehalten werden. Sie ist eine Möglichkeit, um die Teilnehmer*innen langsam und behutsam an die persönliche und reflexive Form des Austauschs während dieser Einheit heranzuführen. Reflexionseinheiten setzen die Bereitschaft und Atmosphäre zum Öffnen und Hinterfragen voraus, auch in Bezug auf persönliche und emotionale Themen. Im Anschluss daran folgt die ausführliche Reflexion der persönlichen Wahrnehmungen und Handlungen und das bewusste Zurückschauen auf Interaktionen und Vorgänge im jüdisch-muslimischen Dialog. An dieser Stelle können nur Hinweise und Anregungen zur Reflexion gegeben werden, da sich Programme und inhaltliche Schwerpunktsetzungen bisweilen stark unterscheiden.

Der zeitliche Hauptanteil sollte bei der ausführlichen Reflexion der Wahrnehmungen und Handlungen der Teilnehmer*innen sowie des Inhalts und der Durchführung des Programms bleiben. Für die Auseinandersetzung mit sich selbst, und um Teilnehmer*innen nicht damit zu überfordern, unvorbereitet im Raum sprechen zu müssen, können Antworten erst einmal in stiller Arbeit und in schriftlicher Form erfolgen.

Allgemeine Themen zur Reflexion in muslimisch-jüdischen Begegnungen könnten Ambiguität und Individualität von Zugehörigkeiten sein. Das heißt, kurz gefragt: Welche Traditionen und Rituale spielen für mich eine Rolle? Fühlen sich in einer muslimischen Gruppe alle, die sich als Schiit*innen, Sunnit*innen, Alevit*innen, Alawit*innen, Ismailit*innen bezeichnen, als Teil einer Gruppe? Und wie definieren ein*e jüdische*r Atheist*in, ein*e Jüd*in, der*die einer Masorti-Schule angehört, und ein*e orthodoxe*r Jüd*in, der*die chassidisch aufgewachsen ist, ihr*sein Jüdisch-Sein? Welche Migrationserfahrungen werden in den Raum getragen? Und wie spielt der Ort, an dem man sozialisiert wurde, eine Rolle für die gegenwärtige (religiöse) Identität jeder Person? Und schließlich: Wie wird diese Identität im Alltag gelebt? Diese Fragen zum reflexiven Nachdenken und Austausch verdeutlichen, dass in jüdischen und muslimischen Gruppen oft schon sehr viel Diversität existiert. Das Aufzeigen und Aussprechen unterschiedlicher Perspektiven ist Teil des Dialogs. Es werden persönliche Einblicke gegeben und die Gruppe lernt sich in ihrer Vielfalt und der jeweiligen Individualität besser kennen. Außerdem wird einer Essentialisierung religiöser Identitäten entgegengewirkt. Die Reflexion der persönlichen Verortungen auch im Bezug zur Gruppe bewirkt das bewusste Hinterfragen, aus welcher Perspektive und mit welchen Wahrnehmungen Einzelne am jüdisch-muslimischen Dialog teilnehmen. Dies prägt die individuellen Positionierungen und Narrative.

Im Rahmen der Reflexionseinheiten können zudem Ängste, Verletzungen und Irritationen, die im Verlauf des Programms aufgekommen sind, thematisiert werden. Welche Art und Weise der Reflexion angemessen ist, hängt in diesem Kontext von den Bedürfnissen der Teilnehmer*innen und der Gruppendyna-

Larissa Zeigerer

mik ab. Insbesondere im Hinblick auf Gefühle des Unwohlseins, wenn etwa über Vorurteile, Ängste, Verletzungen und Unstimmigkeiten gesprochen wird, empfiehlt es sich auf die gemeinsam etablierten grundlegenden Umgangsformen der Gruppe und die Art der Kommunikation einzugehen. Dies wurde an anderer Stelle in dieser Handreichung ausführlich dargelegt.

Darüber hinaus können Reflexionsrunden auch auf andere Weise gestaltet werden, wie im Kapitel zu religiöser Praxis aufgezeigt wird. So kann ein gemeinsames Fastenbrechen oder die Feier des Shabbats als Anlass für gemeinsames Lernen und Reflektieren dienen. Es entsteht ein Rahmen, der über eine rein inhaltliche Auseinandersetzung mit sich selbst und den vermeintlich Anderen hinausgeht und spontane Gespräche und Zusammenkünfte fördern kann. Die vielen gemeinsamen Handlungen (Zubereitung, Tischdecken, Gespräche während des Essens) bilden eine produktive Rahmung individueller Gespräche der Reflexion.

Abschließend ist zu sagen, dass Reflexionseinheiten dazu dienen, das Erlebte und die persönlichen Wahrnehmungen zu durchdenken. Sie bieten aber auch Möglichkeiten zu vertiefenden Nachfragen und schaffen einen persönlichen Umgang jenseits der thematischen Arbeit. Sie dienen der individuellen Verortungen im sozialen Gefüge und zur tieferen Auseinandersetzung mit unterschiedlichen Perspektiven. Dies alles ist Bestandteil jüdisch-muslimischer Begegnungen.

Ergebnisse sichern: Nachhaltigkeit im muslimisch-jüdischen Dialog

Von Liora Jaffe

Um Ergebnisse eines jüdisch-muslimischen Dialogs nachhaltig zu sichern, gibt es nicht den „einen richtigen" Weg. In diesem Kapitel werden ein paar mögliche Wege mit Rückbezug auf die Arbeit des Thinktanks Karov-Qareeb sowie persönliche Erfahrungen in jüdisch-muslimischen Allianzen beschrieben und erläutert. Dieses Kapitel soll den Weg zu einem erfolgreichen Dialog zwischen Muslim*innen, Jüd*innen und für alle, die Interesse an einem nachhaltigen Dialog haben, ebnen. Hierbei ist es wichtig klarzustellen, dass jegliche Wirkungsmessung erfolgreicher Arbeit in diesem Bereich sehr subjektiv ist. Diese Subjektivität ist einer der Gründe, warum man sich als Akteur*in mit den hier angesprochenen Themen überhaupt auseinandersetzen sollte und dabei klare Definitionen bezüglich der Ziele des Dialogs setzen muss: Die klare Zielsetzung ermöglicht die Basis der vertrauensbildenden Arbeit, wodurch erst ein Dialogformat etabliert werden kann. Im Zuge dessen stellt sich die Frage, wie sich dieses Format, diese Plattform in der Außendarstellung positionieren und präsentieren kann. Wie sorgt man außerdem dafür, dass eine solche Dialogplattform auch wirklich nachhaltig wird? Und wie schafft man Strukturen, die auch Krisenphasen überstehen? Wie entwickelt man die bisherige geleistete Arbeit oder ein Konzept für den jüdisch-muslimischen Dialog dahingehend weiter, dass nachhaltige Strukturen im Sinne eines selbstreproduzierenden Netzwerks entstehen, das den Dialog dann weiterträgt? Bezüglich des Themas Nachhaltigkeit sind manche der hier dargestellten Strategien spezifisch auf das Thema muslimisch-jüdischer Dialog ausgerichtet – andere zielen allgemeiner auf eine effektive Zusammenarbeit.

Nachhaltigkeit schon zu Beginn

I. Zielsetzung:
Bevor man zu Ergebnissen kommen kann, müssen Ziele festgelegt werden: Was wollen wir gemeinsam schaffen? Unter welchen Voraussetzungen und mit wem arbeiten wir? Es können einerseits sehr spezifische Ziele formuliert werden, wie z. B. einen Konsens bezüglich eines bestimmten Themas zu finden. Anderseits sind auch allgemeinere Ziele möglich. Oft lautet das zu erreichende Ziel dann einfach: „miteinander ins Gespräch kommen". Offensichtlich ist dieses „einfach" leichter gesagt als getan. Bei diesem Ziel sollte man sich klar sein, dass eine Öffentlichkeitsarbeit, die auf starke Außendarstellung abzielt, nicht zum eigentlichen Zweck dieser Dialogplattform passt. Denn das Kernanliegen einer solchen Dialogplattform bildet die intensive Begleitung derjenigen, die den Dialog führen, und nicht derjenigen, die den Dialog von außen beobachten. Der Fokus auf Förderung von Beziehungsarbeit zwischen den Teilnehmenden stellt sicher, dass ein respekt- und vertrauensvolles Umfeld geschaffen wird. So intensivieren sich Beziehungen und vertiefen sich Gespräche – nicht nur über die jeweiligen Religionen, sondern auch darüber hinaus, was zur Folge hat, dass die Plattform mit Leben gefüllt wird. An diesem Punkt ist eine Definition der jeweiligen Religionsgrenzen zentral: Egal, ob es sich um spezifische religiöse Praktiken oder Respekt gegenüber Religiosität beziehungsweise Säkularität der Teilnehmenden handelt – die Klärung dieser Bedürfnisse zu Beginn ebnet den Weg für nachhaltige Ergebnisse.

Die frühzeitige und klare Definition der Ziele verhindert die mangelnde Passung zwischen den Zielen der Plattform und der

eigentlichen Arbeit. Nun soll nicht der Eindruck erweckt werden, dass Zielsetzungen und -vereinbarungen unveränderlich ab
dem Zeitpunkt ihrer Festlegung zu Beginn bestehen bleiben. Sie
sollen vielmehr kontinuierlich in einem kommunikativen Aus-
handlungsprozess mit allen Akteur*innen regelmäßig geprüft
und bei Bedarf überarbeitet werden. Dies kann z. B. bei unvor-
hergesehenen Ereignissen wie personellem Wechsel, finanziellen Veränderungen oder politischen Geschehnissen nötig sein.
Zeitpläne, jeweils unterteilt in langfristige, mittelfristige und
kurzfristige Ziele, helfen, das übergeordnete ferne Ziel greif-
barer zu machen. Die jeweilige konkrete Definition von Lang-,
Mittel- und Kurzfristigkeit ergibt sich dabei aus dem jeweiligen zeitlichen Umfang des Vorhabens. Um diese modularisierte
Zielvereinbarung dann unter den Akteur*innen zu streuen, bieten sich z. B. „Save the Date"-Aufrufe oder die Formulierung von
Fristen beziehungsweise Stichtagen an.

Ein Zielsetzungsprozess, in den Akteur*innen kontinuierlich
eingebunden werden, sorgt für Transparenz. Das Prinzip der
Transparenz stellt als inhärenter Bestandteil demokratischer
Aushandlungsprozesse und freier Willensbildung eine zentrale
Komponente nachhaltiger Dialogarbeit dar. Durch einen transparenten Zielsetzungsprozess sind alle Teilnehmenden gleichermaßen über die Zielsetzungen informiert und sehen bestenfalls
ihre vielfältigen Identitäten in den Zielsetzungen gespiegelt. So
können sie gemeinsam nach Zielen streben.

Also lautet der erste Schritt: Gemeinsam klare Ziele formulieren.

II. Vertrauensaufbau

Vertrauen und das Miteinander-auf-Augenhöhe-Sprechen bilden die Grundlagen eines jeglichen Dialogs. Alle Akteur*innen

müssen von vornherein eingebunden werden. Vertrauen rückwirkend zu schaffen, ist schwierig bis unmöglich. Wenn Vertrauen von Anfang an gefördert wird, dann intensivieren sich die Beziehungen und Gespräche der Akteur*innen, was dazu führt, dass sich nachhaltige Ergebnisse sichern lassen. Ohne fundierte Vertrauensbasis bleibt jüdisch-muslimischer Dialog nur oberflächlich. Über- beziehungsweise Unterordnungsverhältnisse begleiten die meisten Organisationen – selbst wenn es sich beispielsweise um eine basisdemokratisch administrierte Dialogplattform handelt. Daher sind vertrauensbildende Maßnahmen zentral, damit die Produktivität der Programmarbeit nicht durch fehlendes Vertrauen gehemmt wird. Konkrete vertrauensbildende Maßnahmen können in der Dialogarbeit z. B. die Befolgung einiger Grundprinzipien sein: Informationen und Neuigkeiten ohne Verzug an die Akteur*innen streuen, eine positive Fehlerkultur durch offenes Kommunizieren aufbauen sowie dem Vertrauensaufbau genug Zeit einräumen, denn Vertrauen wird nicht von heute auf morgen gewonnen.

Zusammenfassend wird Vertrauen durch eine transparente Kommunikationsstrategie aufgebaut, die bereits im Zielsetzungsprozess den ersten Schritt für nachhaltige Ergebnisse vorbereitet. Besonders im jüdisch-muslimischen Dialog schafft eine Einbindung aller Akteur*innen in den Zielsetzungsprozess durch die resultierende Transparenz Vertrauen.

In der Praxis
Während der Arbeit
Sobald die Ziele gemeinsam bestimmt wurden, beginnt die Kernarbeit. Das Führen eines Dialogs wirkt in den meisten Fällen nicht nur intern auf die jeweiligen Akteur*innen, sondern besitzt darüber hinaus auch eine Außenwirkung auf Gesell-

schaft und Gemeinschaft; es wird von außen berichtet, einge-
wirkt und reflektiert. Die Frage der hierarchischen Wechsel-
wirkung zwischen Außen und Innen wird im Abschnitt *II. Er-*
gebnisse kommunizieren weiter erläutert. Zunächst ist es nötig,
dieses Begleitprodukt eines Dialogs überhaupt erst einmal zu
identifizieren und dann den Fokus der Dialogplattform bewusst
auf die Teilnehmenden zu richten – und nicht auf Dritte. Diese
klare Ausrichtung der Plattform nach innen stärkt ebenfalls die
Transparenz und fördert den Lebensweltbezug der Dialogarbeit.
Lebensweltbezogenes Handeln bedeutet, sich an der Lebenswelt
der Akteur*innen der Dialogplattform auszurichten – sie müssen fühlen, dass die Dialogplattform sich an ihrer sozialen Realität orientiert und nicht an der von Dritten oder abstrakten Vorstellungen von Realität. Liegt der Fokus der Dialogplattform
stattdessen auf denen, die den Dialog von außen wahrnehmen
und darauf einwirken, und nicht auf den eigentlichen Teilnehmenden, erwächst ein Spannungsfeld: Es könnte die Gefahr entstehen, dass die Teilnehmenden sich für einen anderen Zweck
ausgenutzt fühlen beziehungsweise ihre Bedürfnisse und Interessen nur geringe Beachtung finden, was wiederum die Vertrauensbasis der Plattform aushöhlt.

Ein weiterer Schritt lautet also: In der praktischen Arbeit le-
bensweltbezogen handeln und so Vertrauen weiter stärken.

Und wie geht es weiter?

I. Nach dem Dialog ist vor dem Dialog
Viele der folgenden Aspekte in Bezug auf Feedback, Evaluierung
und Nachbereitung sind abhängig von der Arbeit, die im Voraus
geleistet wurde. So fördert das jeweilige Programm durch eine
starke Vertrauensbasis sowie durch klar kommunizierte und gemeinsam erarbeitete Zieldefinitionen nachhaltig die Identifika-

tion der Teilnehmenden mit dem Programm als Ganzes. Motivation und Wertschätzung der Teilnehmenden gegenüber dem Programm steigen, was sich neben der Förderung von Nachhaltigkeit günstig auf eine reibungslose Nacharbeit auswirkt.

Dann kommt der Moment, die bisherige Arbeit zu evaluieren, denn nach dem Dialog ist vor dem Dialog: Eine nachhaltige Evaluation des Programms ist also daran ausgerichtet, neue Erkenntnisse für einen weiteren Durchlauf oder andere zukünftige Projekte zu generieren. Unterschiedlichste Feedbackmöglichkeiten können eingesetzt werden, um grundlegende Fragen wie „Was ist gut gelaufen?" und „Wo gibt es Verbesserungsmöglichkeiten?" zu spezifizieren und auszudifferenzieren. Die jeweilige Evaluierung ist komplett vom Programm abhängig. Bei kleineren Runden sind z. B. statistische Darstellungen weniger sinnvoll, weil hier interaktive Feedbackrunden eine günstigere Möglichkeit darstellen, um persönliche und differenzierte Rückmeldungen zu erhalten. Auch anonyme und detaillierte Evaluierungsbögen mit offenen Fragen sind in kleinen Runden sinnvoller. Dadurch können kritische Anmerkungen leichter mitgeteilt werden. In jedem Fall sollten auf irgendeine Weise relevante Daten gesammelt und ausgewertet werden, um so Feedback einzuholen. Dieser Schritt ist für eine transparente Kommunikation der Evaluierungsergebnisse zurück an die Teilnehmenden notwendig. Zudem hat man die Chance, neue Ideen und Verbesserungsmöglichkeiten zu sammeln und gleichzeitig die Teilnehmenden aktiv mit einzubinden, wodurch Wertschätzung kommuniziert wird. Die Zusammensetzung, insbesondere die Anzahl der Teilnehmenden, bestimmt die jeweilig anzuwendenden Feedbackmöglichkeiten. Die sich anschließende Mitteilung (intern oder öffentlich) der Erkenntnisse aus den Evaluationsphasen mit Rückbezug auf gesammeltes Feedback (eventuell auch statistische Analysen) stellt eine weitere Möglichkeit dar, Vertrauen zu festigen und Nachhaltigkeit zu fördern, da sich die Teilnehmenden durch eine Spiegelung ihres Feedbacks wertgeschätzt fühlen und ihre ehrliche Meinung so zur Geltung kommt.

II. Ergebnisse kommunizieren

Was ist das passende Kommunikationsmedium, um den Akteur*innen Ergebnisse des Dialogs zu präsentieren? Wem sollten die Ergebnisse überhaupt kommuniziert werden, um eine möglichst große Wirkung zu erzeugen? Will man die Ergebnisse in die jeweiligen Gemeinschaften tragen, um mehr Engagement zu gewinnen und/oder um Community-Mitglieder davon zu überzeugen, dass jüdisch-muslimischer Dialog gelingen kann? Die Ergebnisse können auch in eine breitere Öffentlichkeit getragen werden, um Solidarität als Zeichen für ein friedliches Miteinander zu demonstrieren – entgegen den Stimmen, die unterschiedliche Religionen gegeneinander auszuspielen versuchen. Auf die gesamtgesellschaftliche Relevanz des jüdisch-muslimischen Dialogs wurde bereits zu Beginn dieser Handreichung hingewiesen. Zentral ist also die Frage, auf welcher Ebene man ansetzen und wirken will und was das jeweils dazu passende Medium ist, um die Ergebnisse nach außen zu tragen. Es sollte eine Strategie erarbeitet werden, um die Ergebnisse entsprechend definierten Empfänger*innen (neben den Teilnehmenden) zu kommunizieren. Hier schließt sich die Frage nach dem jeweiligen Format der Ergebnispräsentation an: Möchte man öffentlichkeitswirksam ein breiteres Publikum erreichen? Dann bieten sich öffentliche Veranstaltungen als Mittel an, um z. B. Multiplikator*innen zu gewinnen und Kooperationen und Allianzen zu knüpfen. Auch Pressemitteilungen stellen in diesem Kontext eine weitere Möglichkeit zur Kommunikation der Ergebnisse dar.

Liora Jaffe

Möchte man eher nicht in die gesamtgesellschaftliche Öffentlichkeit treten? Dann sind Veranstaltungen in kleinerem Rahmen eine Option sowie die Distribution von Publikationen über Kanäle, die eher nicht durch die Medien gesamtgesellschaftlich multipliziert werden. Dies können z. B. Print- oder Online-Magazine sein, die sich an eine bestimmte Zielgruppe richten, sowie Veranstaltungen, die durch geladene Gäste Exklusivität und Intimität herstellen.

III. Nachfolger*innen gewinnen

Die Fluktuation von Akteur*innen bei Dialogprogrammen ist eine gängige Begleiterscheinung. Durch Akquise neuer Akteur*innen nach Programmende oder bei personellen Veränderungen während eines Programms müssen Nachfolger*innen identifiziert und integriert werden. Ein oft vernachlässigter Punkt hierbei ist, dass innerhalb eines solchen Projekts Akteur*innen unterschiedlich gelagerte Kompetenzen und Interessen besitzen, diverse religiöse Hintergründe haben und in verschiedenen Bereichen dementsprechend ihre Stärken ausspielen können. Diejenigen Akteur*innen, die ein Programm ins Leben gerufen haben, sind nicht unbedingt immer auch gleichzeitig diejenigen, die in allen anderen Anforderungsbereichen neben der Programmkonzeption ebenfalls glänzen können. Es lohnt sich also, die verschiedenen Kompetenzen und Interessen der Akteur*innen im Blick zu haben, um Produktivität und Motivation nachhaltig sicherzustellen. Dies ist beispielsweise dann wichtig, wenn sich die Frage einer möglichen Institutionalisierung stellt.

IV. Dokumentation

Das Dokumentieren eines Projekts kann anderen gleichgesinnten Akteur*innen dabei helfen, die jeweilige Plattform oder das

Programm für ihre Bedürfnisse anzupassen und zu replizieren. Eine Handreichung wie die vorliegende ist ein Beispiel für nachhaltiges Dokumentieren. Auch Jahrespläne oder Zeitleisten, die langfristige Verläufe des Projekts schnell lesbar machen, bieten sich hierfür an. Dort können dann Ergebnisse aus der Evaluation beigefügt werden, sodass sich Außenstehende schnell ein Bild darüber machen können, wie die einzelnen Phasen verliefen oder inwiefern die formulierten *Nah-* und *Fern*ziele erreicht wurden.

V. Institutionalisierung

Institutionalisierung ist ein mögliches Werkzeug für Nachhaltigkeit. So kann es in der Überlegung hinsichtlich einer langfristigen Ausrichtung der Arbeit der jeweiligen Dialogplattform sinnvoll sein, sich von einzelnen sehr aktiven Individuen ein Stück weit unabhängig zu machen. Das kann bedeuten, dass man die jeweilige Plattform in eine Rechtsform wie einen Verein überführt. Dieser Schritt hat viele Implikationen, allen voran juristische. Wichtig hierbei ist, dass man das übergeordnete Ziel der ursprünglichen Initiative nicht aus den Augen verliert und sich durch eine Institutionalisierung nicht automatisch komplett inhaltlich neu ausrichtet. Mit der Institutionalisierung gewinnt man oft auch eine Art Schutzschild, der die Plattform durch die Einbindung in größere Strukturen vor einem kurzfristigen Ende bewahrt. Auch erzeugt ein Verein in vielen Fällen demokratische Transparenz, da basisdemokratische Prozesse die Grundlage von Vereinsorganisation darstellen. Gleichzeitig muss man sich klarmachen, dass ein gewisses Maß an Freiheit und Flexibilität je nach Art der Institution eingebüßt wird. Man sollte also überlegen, ob die Vorteile in Bezug auf Nachhaltigkeit und Langfristigkeit die Nachteile einer Institu-

Liora Jaffe

tionalisierung überwiegen. Hierfür können konsensorientierte Diskussionen mit den Teilnehmenden eine Basis für die Entscheidung liefern.

Auch erweiterte finanzielle Möglichkeiten durch Förderungen, die zur Verfügung stehen, zieht eine Institutionalisierung häufig nach sich. Dadurch, dass gemeinnützige Vereine z. B. einen besonderen Steuerstatus haben, können sie Förderanträge stellen oder Spendengelder akquirieren. Eine regelmäßige finanzielle Förderung einer Dialogplattform führt dazu, dass der Fokus der Administration weniger auf der Finanzierung liegen muss und man stattdessen mehr Energie in die Plattformarbeit selbst fließen lassen kann. Dies führt auch zu mehr Nachhaltigkeit, da langfristiger geplant werden und der Fokus dann auf der eigentlichen Dialogarbeit liegen kann, anstatt dass der knappen Finanzierung geschuldet nur kurzfristige Projekte durchgeführt werden können.

VI. Langfristigkeit

Im Voraus zu planen und Informationen über weitere Entwicklungen und Schritte direkt an die Teilnehmenden weiterzugeben, ist wichtig, um diese an die Plattform zu binden und damit sicherzustellen, dass das Programm oder der Dialog langfristig weiterlebt, sodass wirksame und langfristige jüdisch-muslimische Allianzen entstehen können. Diejenigen, die das Programm ins Leben gerufen, es mit Leben gefüllt haben und weiterhin mitwirken wollen, sollen im besten Fall natürlich auch langfristig mit eingebunden sein. Eine Methode für eine langfristige und nachhaltige Informationspolitik sind „Save the Date"-Aufrufe, die auch in Bezug auf Zielvereinbarungsprozesse wie oben beschrieben eine Rolle spielen. Mit „Save the Date"-Aufrufen kommuniziert man wichtige Termine bezüglich der Jahresplanung so früh wie möglich. Hierbei sind alle Teilnehmenden zu integrieren, damit deren Mitwirkung am gesamten Programm wertgeschätzt und respektiert wird.

Im Hinblick auf langfristige Ergebnisse eines interreligiösen Dialogs lohnt sich der muslimisch-jüdische Dialog nicht nur in Bezug auf gegenwärtige gesellschaftliche Prozesse, sondern bildet die Basis für nachhaltige gesellschaftliche Fortschritte und Zusammenarbeit. Sich die Zeit und Energie zu nehmen, um solch ein Unterfangen strategisch anzugehen, führt durch eine klare Zielsetzung und entsprechende Strategieauswahl sowie fokussierte Arbeit zu erfolgreichen und nachhaltigen Ergebnissen der jüdisch-muslimischen Allianzen. Diejenigen, die den Dialog führen, sollten nicht nur miteinander reden, sondern auch auf der Metaebene in kommunikative Aushandlungsprozesse darüber, wie der Dialog geführt wird, eingebunden sein. Davon profitiert auch der eigentliche Dialog, da sich eine Vertrauensbasis entwickelt – eine der wesentlichen Schlüsselfunktionen für einen erfolgreichen Dialog.

Abschließend sei gesagt, dass der Fokus auf Nachhaltigkeit und Ergebnissicherung dem Engagement im Dialog selbst niemals die Kraft entziehen sollte, sondern als Verstärkung dient, indem man sicherstellt, dass die Ergebnisse längerfristig wirken und sie so einen umso prägenderen Einfluss auf Teilnehmende haben.

Liora Jaffe

Leitfaden

Dieser Leitfaden unterstützt Sie dabei, eigene jüdisch-muslimische Dialogformate zu planen und durchzuführen.

- Wir stellen Ihnen Fragen, die Ihnen helfen, Ihren Planungsprozess zu strukturieren und zu reflektieren.

Bei „Tipp aus der Praxis" finden Sie Ideen, Vorschläge und Best Practices aus den Beiträgen unserer Autor*innen und unserer Arbeit.

Diese Fragen stehen ganz am Anfang Ihres Vorhabens:
- Was ist der Anlass für Ihre Veranstaltung?
- Welche Motivationen leiten Sie und Ihre Mitstreiter*innen?
- Welche Zielgruppe(n) möchten Sie ansprechen, ggf. welche Öffentlichkeit erreichen?
- Welche konkreten Ergebnisse und Erkenntnisse sollen gewonnen werden (individuell, gesellschaftlich, institutionell)?
- Welche weiteren Ziele verfolgen Sie mit Ihrem Vorhaben?

Die Antworten bestimmen Ihre weiteren Entscheidungen:
- Welches Veranstaltungsformat wählen Sie: Expert*innen-Panel, Podiumsdiskussion, Arbeitsgruppe, Gesprächskreis, Workshop, Seminar, Exkursion, Vortrag?
- Welche Referent*innen laden Sie ein?
- Welche Kooperationspartner*innen, Medien- und etwaige Finanzierungspartnerschaften suchen Sie?

- Welche Räume und Termine passen?
- Wie gestalten Sie Ihr Projekt nachhaltig wertvoll?

Hinweis: Weitere Anregungen zur konkreten Planung von Veranstaltungen finden Sie im Beitrag von Sonya Ouertani (S. 38–48). Liora Jaffe beschäftigt sich in ihrem Beitrag (S. 90–100) mit der Nachhaltigkeit von Veranstaltungen.

Tipp aus der Praxis

Jüdisch-muslimischer Dialog kann auch zu zweit geführt werden, zum Beispiel als „Tandem". Gerade in kleineren Städten oder in ländlichen Regionen kann es schwierig sein, Kontakte zu anderen Jüd*innen und Muslim*innen zu knüpfen. Mehr dazu im Beitrag von Cecilia Haendler (S. 60–68).

Erste Schritte

Es ist wichtig zu reflektieren, wie Entscheidungen getroffen werden (durch einen diskursiven, gemeinschaftlichen Prozess oder nach dem Top-Down-Prinzip beispielsweise). Treffen Sie sich regelmäßig im Vorfeld mit Ihren Mitstreiter*innen, um Themen und Vorgehensweisen zu diskutieren und Aufgaben zu vergeben. Wenn Ihre Veranstaltung im institutionellen Rahmen stattfindet, sollten Sie prüfen, ob ein eigenständiger Entscheidungsprozess sich etablieren lässt.

Überlegen Sie gemeinsam:
- Wer lädt wen ein?
- Können alle Beteiligten gleichberechtigt Bedenken und Ideen einbringen (sowohl während der Organisation als auch während der Veranstaltung)?

- Wie wirkt sich die Wahl des Veranstaltungsraums auf den Dialog aus? (Veranstaltungen sollten, wenn möglich, in einem nichtreligiösen Raum stattfinden, um keine hierarchische Struktur durch das Setting zu setzen.)
- Werden die Beteiligten als Individuen angesprochen und nicht als Repräsentant*innen einer Gruppe?
- Wie sind sie paritätisch aufgestellt in Hinblick auf verschiedene gesellschaftliche Positionierungen und Identitätsmarker?
- Welche Vielfalt wird bei der Besetzung der Referent*innen oder Vortragenden berücksichtigt (Geschlecht, Denomination, Alter etc.)?

Terminfindung

Der Blick in die jüdischen und muslimischen Jahreskalender ist bei der Datumsfindung unerlässlich.

- Finden im angedachten Zeitraum der Veranstaltung Fest-/Feier- und Gedenktage statt? Oder planen Sie vice versa eine Veranstaltung zum Anlass eines religiösen Feiertages?

Viele Feiertage kommen als Veranstaltungstage nicht oder nur unter Beachtung von Regeln infrage. Informieren Sie sich im Zweifelsfall vorab über die religiösen Regeln des jeweiligen Feiertages.

Hinweis: Ein Blick in den Interreligiösen Kalender der *Dialogperspektiven* lohnt, um den Überblick zu behalten. Der Kalender im A2-Format wird jedes Jahr veröffentlicht und kann über die Webseite des Programms bestellt werden. Vergessen Sie auch regionale und gruppenspezifische Feiertage nicht.

Tipp aus der Praxis

Bei der Einschätzung, welche Vorschriften zu beachten sind, empfehlen wir eine Orientierung an strengeren, normativen Varianten, um allen Teilhabe zu ermöglichen. Auch wenn Sie glauben, dass jüdische Teilnehmer*innen an einem Shabbat zu Ihrer Veranstaltung kommen würden, ist eine Durchführung am Shabbat nicht empfehlenswert. Sie könnten beispielweise die anvisierten Teilnehmer*innen vorab fragen, inwieweit der Shabbat in der konkreten Planung berücksichtigt werden soll.

Nicht an allen Feiertagen müssen prinzipiell alle Veranstaltungen ausfallen. Vielleicht ist die geplante Aktivität auch unter Beachtung der jeweiligen Regeln möglich. Während des Ramadans sollte beispielsweise keinesfalls eine sportliche Aktivität organisiert werden – *Iftar* (ein gemeinsames Fastenbrechen am (späten) Abend) ist hingegen möglich.

Fortgeschrittene wagen vielleicht, die Zeremonien des *Iftar* und der *Hawdala* (Verabschiedung des Shabbat) am Samstagabend zusammenzulegen. Der Zeitpunkt des Fastenbrechens und die Verabschiedung des Shabbats richten sich beide nach dem Sonnenuntergang. Gemeinsam erlebt, kann die Nähe der beiden Traditionen auf eine sehr besondere Weise erlebbar gemacht werden. Zudem können Sie so einen Anlass schaffen, Arabisch und Hebräisch in den liturgischen Ausformungen (beim Gebetsruf und bei der *Hawdala*-Zeremonie) zu erleben und gemeinsam ein *koscheres/halal* Festmahl zu genießen.

Essen und Trinken

Ein gemeinsamer Mittagsimbiss, Getränke und Snacks in kurzen Pausen, ein Abendessen zum Abschluss oder ein festlicher Empfang im Rahmen einer öffentlichen Veranstaltung sind wichtige Bestandteile bei der Planung und Durchführung von Veranstaltungen. Sie ermöglichen informelle Gespräche und Begegnungen jenseits festgelegter Formate.

Rituelle Speisegesetze sind sowohl im Judentum als auch im Islam essenzieller Bestandteil religiöser Praxis. Entsprechend groß ist die Erwartungshaltung der Teilnehmer*innen, im jüdisch-muslimischen Kontext „unbesorgt" essen zu können. Gerade für Jüd*innen und Muslim*innen in christlich-säkular geprägten Ländern kann die Einhaltung bestimmter Speisevorschriften eine identitätsstiftende Praxis sein.

- Gibt es in Ihrer Region *halal* und *kosheres* Catering oder Geschäfte, die Produkte mit *kosher/halal*-Zertifikat führen?

Tipp aus der Praxis

Verstehen Sie die Erwartungshaltung als ein Kompliment an Sie. Bei Ihnen wird vorausgesetzt, dass Sie jüdisch-muslimisch versiert sind und um die Wichtigkeit dieses Themas wissen. Ebenso gilt andersherum, dass potenzielle Teilnehmer*innen davon ausgehen könnten, dass von ihnen erwartet wird, sich gemäß normativer Regeln wie dem Einhalten der Speiseregeln zu verhalten, und sie verbergen, dass sie möglicherweise „in echt" nicht nach diesen Regeln leben und mit einem unguten Gefühl in die Veranstaltung kommen. Thematisieren Sie den Umgang mit Mahlzeiten vor der

Veranstaltung, z. B. indem Sie fragen, ob eine vegane Versorgung für alle in Ordnung ist. Entscheiden Sie nicht für alle gemäß der Mehrheit, sondern bemühen Sie sich um zertifizierte Lebensmittel für die, welche sie brauchen. Sollte eine *kosher/halal*-Grundversorgung in Ihrer Region kompliziert sein, informieren Sie sich über Möglichkeiten, Mahlzeiten vorab zu bestellen und liefern zu lassen. Bitten Sie Teilnehmer*innen ggf. um Unterstützung. Oftmals haben sie selbst Erfahrungen und Lösungsvorschläge.

Sie können die Überlegungen auch in die Gruppe hineinnehmen und diskutieren lassen, welche Implikationen gemeinsame Mahlzeiten für ein Programm wie das Ihre haben und ob und wie die Teilnehmer*innen im Alltag mit diesbezüglichen Fragen beschäftigt sind.

Generell bietet es sich an, auf Alkohol zu verzichten.

Tipp aus der Praxis

Ein genereller Alkoholverzicht kann zur Diskussion gestellt werden. An Shabbat, bei jüdischen Feiertagen und Festen ist Wein ritueller Bestandteil mit entsprechendem Segensspruch. Doch auch (kosherer) Traubensaft ist möglich, wenn auch weniger üblich. Ebenso wie die Thematisierung von Speiseregeln im Allgemeinen kann auch die Diskussion über einen generellen Verzicht auf Alkohol bei den Teilnehmer*innen spannende Einsichten hervorbringen: Wo sind meine Grenzen? Worauf bin ich bereit zu verzichten?

Nichtöffentliche und öffentliche Veranstaltungen

Nichtöffentliche und öffentliche Veranstaltungen unterscheiden sich erheblich voneinander. Wir haben einige der wichtigsten Aspekte zusammengefasst.

Nichtöffentliche Veranstaltung
Jüdisch-muslimische Begegnungsformate können als Räume des intimen Austauschs für Jüd*innen und Muslim*innen geschaffen werden, in denen es vorrangig um das Kennenlernen der jeweiligen Kontexte und persönlicher Erfahrungen geht.

- Welche Voraussetzungen und Bedürfnisse bringt die Gruppe mit?
- Geht es um thematische Arbeit, um künstlerische Arbeit, sozialen Austausch oder ein religionsbezogenes Gespräch?
- Welche Formate passen zum anvisierten Projekt?
- Haben Sie in der Programmplanung genügend Zeit für Pausen eingebaut, und dabei auch die Gebetszeiten beachtet?
- Gibt es einen Rückzugsraum für Betende (z. B. einen „Raum der Stille")?
- Wie gestalten Sie den Anfang (die Begrüßung, das Kennenlernen der Teilnehmer*innen untereinander)?

Tipp aus der Praxis

Wenn Ihre Rolle die der*des Einladenden ist, übernehmen Sie in dieser Rolle eine Vorbildfunktion darin, den „Ton" für die Gruppe zu setzen. Schaffen Sie bei sich und den Teilnehmer*innen ein Bewusstsein dafür, dass eine gute Basis für Zusammenarbeit dann entsteht, wenn Sie Kommunikation als wichtig erachten und reflektieren.

Erarbeiten Sie Kommunikationsregeln gemeinsam! Ziel der Übung ist es, sich über Kommunikation auszutauschen und ein Bewusstsein dafür zu schaffen, dass es unterschiedliche Bedürfnisse gibt. Alle sind dafür verantwortlich, dass die Kommunikation „funktioniert"!

Lassen Sie Kleingruppen auf Plakaten „ihre" Regeln aufschreiben. Bei der Vorstellung in der großen Gruppe werden die einzelnen Plakate – vor allem in ihrer Unterschiedlichkeit – diskutiert. Stellen Sie der Gruppe die Aufgabe, ein Plakat zu gestalten. Dieses kann später bei Bedarf hervorgeholt werden. Werden die Regeln in der Gruppe eingehalten? Welche Regeln müssen ergänzt werden, welche waren nicht relevant?

Folgende Fragen empfehlen wir hier für den Austausch: Werden Aussagen aus der Ich-Perspektive formuliert? Werden universal gültige Aussagen vermieden? Werden Aussagen von den Teilnehmer*innen auf die wohlwollendste Weise interpretiert? Berücksichtige ich gendergerechte Sprache im Schreiben oder auch im Sprechen?

- Wie können Sie eine Atmosphäre schaffen, in der alle Teilnehmer*innen gleichberechtigt kommunizieren und sich einbringen können?

Tipp aus der Praxis

Für Fortgeschrittene bietet sich an, die vier konzeptionellen Grundannahmen des *Dialogperspektiven*-Programms in Teamarbeit zu studieren und zu diskutieren.

Welche Annahmen überraschen? Welche Annahme hätten die Teilnehmenden hier (nicht) erwartet? Inwieweit gelten alle diese Annahmen auch für den jüdisch-muslimischen Dialog? Welche spezifischen Grundannahmen würden Sie für Ihr Projekt, Ihre Arbeitsgruppe entwickeln? Die konzeptionellen Grundannahmen der *Dialogperspektiven* sind übrigens in langjähriger Zusammenarbeit entstanden, sie sind aber ein dynamischer Rahmen – wenn Sie aus Ihrer Arbeit heraus weitere Vorschläge entwickeln, lassen Sie es uns wissen!

Die konzeptionellen Grundannahmen der *Dialogperspektiven*

In Auseinandersetzung mit den grundsätzlichen Fragen einerseits und der kritischen Reflexion etablierter Formate und Methoden des interreligiösen Dialogs andererseits sind im Rahmen des Programms eine Reihe konzeptioneller und methodischer Grundannahmen entwickelt worden, die als Basis für das *Dialogperspektiven*-Programm fungieren:

- Religionen und Weltanschauungen prägen fundamental das Leben und Handeln des Einzelnen und der Gesellschaft. Die *Dialogperspektiven* gehen grundlegend von Religionspluralismus aus. An einem reflektierten, inklusiven, zeitgemäßen interreligiösen Dialog sind alle Gesprächspartner*innen gleichberechtigt beteiligt.
- Wenn von Religionen und Weltanschauungen die Rede ist, so werden in Anlehnung an die Sozialstruktur pluralistischer Gesellschaften neben den drei abrahamitischen Religionen (Judentum, Christentum und Islam) alle monotheistischen sowie sonstige

institutionelle Religionen, aber auch nichtinstitutionelle, privatistische und neureligiöse Gemeinschaften, Orientierungen und Überzeugungen sowie auch atheistische oder antitheistische Anschauungen berücksichtigt.

- Innerhalb des Programms wird keine Position favorisiert.

- Vor jedem religiösen Bekenntnis steht bei den *Dialogperspektiven* konsequent die Begegnung ganz unterschiedlicher Personen, die Vielfalt nicht nur hinsichtlich ihrer religiösen Orientierung repräsentieren, sondern auch bezüglich anderer, identitätsstiftender Merkmale wie z. B. sexueller Orientierung, ethnischer Herkunft oder Gender-Identität.

- Beziehungen stehen im Fokus des Programms: interpersonelle, interreligiös-weltanschauliche, interkulturelle. Die Begegnung hat die Beziehung zum Ziel: Das Programm lebt vom intensiven Austausch miteinander, von konstruktiver Auseinandersetzung und vom gemeinsamen Erleben religiöser Praxis. Individueller Glauben und weltanschauliche Einstellungen sind für die Teilnehmenden oft von großer Intimität. Der Austausch bedarf deshalb eines Rahmens, der eine besondere Tiefe der Gespräche ermöglicht – mit dem Ziel, die Beziehungen der Teilnehmenden nach einem Jahr gemeinsamer Arbeit so zu gestalten, dass aus ihnen belastbare persönliche Allianzen werden.

Hinweis: Lesen Sie mehr zu Kommunikation in Hani Mohsenis Beitrag (S. 49–59).

Leitfaden

Konflikte fruchtbar machen
Jüdisch-muslimischer Dialog soll nicht in die „Friede-Freude-Eierkuchen-Falle" tappen. Im Austausch miteinander können wir Unterschiede wie auch Gemeinsamkeiten erkennen, formulieren, annehmen und wertschätzen. Gemeinsam in einer pluralistischen Gesellschaft zu leben und diese gemeinsam zu gestalten bedeutet nicht, dass wir in allen damit verbundenen Fragen zu einer gemeinsamen Position kommen müssen. Raum für Konflikte zu schaffen und diese Konflikte auszuhalten, kann tiefere Verbindungen schaffen als die Suche nach Konsens.

Behandeln Sie Konflikte nicht als etwas, das aufgelöst werden muss. Versuchen Sie nicht, Diskussionen mit dem Ziel zu führen, am Ende Einigkeit zu erzielen. Entwickeln Sie mit der Gruppe entsprechende Regeln und Verfahren, wie z. B. durch Handzeichen kenntlich gemacht werden kann, wenn sich eine Person durch eine Aussage verletzt fühlt.

Sie können auch Regeln für die Durchführung von Vier-Augen-Gesprächen festlegen, in denen Beteiligte unabhängig von der Gruppe über Konfliktsituationen sprechen können (wenn gewünscht, dann auch unter Anleitung oder Begleitung).

Hinweis: Wie Gil Shohat in seinem Beitrag darlegt (S. 69–80), gibt es Grundregeln für gewinnbringende Gespräche zu Konflikten. Beschäftigen Sie sich in der Gruppe mit allen Seiten eines Konfliktes. Sie müssen am Ende nicht mit allen Perspektiven einverstanden sein.

Religiöse Begleitung

Bei einigen Veranstaltungsformaten bietet sich eine religiöse Begleitung an. Hierbei kann es darum gehen, religiöse Praxis vorzubereiten und Inputs zu geben, Teilnehmer*innen bei persönlichen Fragen und Problemen zu unterstützen oder die Veranstaltung reflektierend zu begleiten.

Die religiöse Begleitung muss nicht zwangsläufig durch religiöse Amtsträger*innen erfolgen. Allgemein gesprochen ist das Konzept religiöser Begleitung christlichen Kontexten entlehnt, wo diese Rolle Pastor*innen oder Priestern zufällt. Angesichts der Praxis in jüdischen und muslimischen Traditionen ist die Wahl religiöser Amtsträger*innen für die religiöse Begleitung nicht unbedingt notwendig, um die Facettenvielfalt dieser Aufgabe zu zeigen.

Bei der Wahl der religiösen Begleitung sollten Sie Menschen finden, die

1. fähig und bereit sind, mit dem intrareligiösen und nicht-religiösen Pluralismus der Teilnehmer*innen umzugehen

2. Erfahrung mit und Lust auf den Austausch über Islam und Judentum haben

Religiöse Begleitung für jüdisch-muslimische Begegnungen ist ein Punkt, der in der Entwicklung steht und sich prozesshaft – auch durch Ihre Arbeit – etablieren wird.

Tipp aus der Praxis

Die Rolle der religiösen Begleitung kann durch Religions-
wissenschaftler*innen übernommen werden, durch ge-
schulte Lai*innen, durch ehemalige Teilnehmer*innen Ihrer
Programme, die bereits Erfahrung und Kompetenzen in jüdisch-muslimischen beziehungsweise interreligiös/weltan-
schaulichen Programmen haben. Bleiben Sie mit den religiösen Begleiter*innen in Kontakt. Geben Sie ihnen den Raum,
ihre Rolle zu gestalten und weiterzuentwickeln, und bitten
Sie sie vor allem darum, empathisch und offen auf die Teilnehmer*innen einzugehen.

Reflexion
Planen Sie Zeit für Reflexion ein. Überlegen Sie, wann und in
welcher Form Sie den Teilnehmer*innen die Möglichkeit für
Reflexion geben. Je länger Ihre Veranstaltung ist, umso häufiger
sollten Sie Raum dafür schaffen.

Variieren Sie die Form der Reflexion (schriftlich, in kleinen Gruppen, als offene Feedback-Runde, als Austausch beim Spaziergang
...). Die Reflexion muss keinesfalls immer von den Workshoplei-
ter*innen moderiert werden. Stellen Sie den Teilnehmer*innen
Zeit zur selbstorganisierten Reflexion zur Verfügung.

Hinweis: Mehr zu diesem Thema lesen Sie im Beitrag von Larissa Zeigerer (S. 81–89).

Tipp aus der Praxis

Reflexionen bieten sich auch für die Organisator*innen oder Seminarteams an. Nehmen Sie sich Zeit für eine oder mehrere der folgenden Fragen: Wie geht es Ihnen? Welchen Eindruck machen die Teilnehmer*innen auf Sie (interessiert, engagiert, verhalten ...)? Welche Ziele oder Strategien funktionieren? Was muss geändert werden? Wie können unterschiedliche Kompetenzen der Teilnehmer*innen eingebunden werden?

Feedback

Rückmeldungen gehören zum Fundament konfliktfreier, wertschätzender und konstruktiver Kommunikation und zur Weiterentwicklung jedes Programmes. Sie helfen, Missverständnisse zu erkennen und zu klären sowie Erwartungen und Wünsche zu formulieren.

Formen des Feedbacks sind:
- in der Gruppe für die Gruppe (z. B. Poster mit Fragen im Raum verteilen und beschriften lassen)
- in anonymisierter, schriftlicher Form an das Seminarteam (z. B. die Feedback-Hand, Fragebögen)
- als Angebot an die Teilnehmer*innen, sich zu einem späteren Zeitpunkt äußern zu können

Zwingen Sie niemanden zum Feedback. Begreifen Sie Kritik als Chance, sich gemeinsam mit den Teilnehmer*innen weiterzuentwickeln.

Bedenken Sie, dass ein Feedback im Rahmen der Veranstaltung alle Dynamiken der Veranstaltung widerspiegeln kann. Ein

Feedback in strukturierten Abständen kann hilfreich sein, um die Langzeitwirkung zu erfassen.

Teilnehmer*innen einbinden

Wir empfehlen, Teilnehmer*innen in Prozesse einzubinden. Sie werden unterschiedliche Talente entdecken: Warming-Up-Anleiter*innen, Fotograf*innen, kritische Fragesteller*innen, Social-Media-Enthusiast*innen, gewitzte Smalltalker*innen für den Empfang und die Begleitung der Referent*innen bei öffentlichen Veranstaltungen, Netzwerker*innen ...

Öffentliche Veranstaltung

Mit der Planung öffentlicher Veranstaltungen gehen viele Überlegungen einher: Was und wen wollen Sie erreichen? Eignet sich eine Podiumsdiskussion oder brauchen Sie interaktive Formate wie ein „WorldCafé"? Wer moderiert, wen laden Sie als Referent*innen ein?

Referent*innen

Achten Sie bei der Auswahl der Referent*innen auf Vielfalt. Suchen Sie gezielt nach Personen, die zu einer möglichst diversen Zusammensetzung beitragen.

- Sind gesellschaftliche Positionierungen und Identitätsmarker, die bei dem Thema Ihrer Veranstaltung relevant sind, durch Referent*innen repräsentiert?
- Sind möglichst viele Gender vertreten?
- Bilden die Expert*innen innerreligiöse Vielfalt ab?

Informieren Sie sich über die Institution, aus der die Referent*innen kommen. Welcher Tradition oder Denomination gehören sie an? Dies alles sind wichtige Informationen, um auf die

Veranstaltung insgesamt und auf etwaige Konflikte vorbereitet zu sein.

Informieren Sie die Referent*innen, was Sie als Veranstalter*innen erreichen möchten und welches Publikum Sie erwarten. Je mehr die Referent*innen über die Zusammensetzung und die Fragestellungen der Zielgruppe der Veranstaltung wissen, desto präziser können sie das Publikum ansprechen und Fragen vorwegnehmen beziehungsweise einschätzen, wie viel allgemeinen Input sie geben müssen.

Das Publikum einbeziehen
Eine Veranstaltung kann davon profitieren, dass das Publikum einbezogen wird. Überlegen Sie sich vorab, ob, wann und wie Sie Ihre Gäste mit dem Podium ins Gespräch bringen möchten. Üblicherweise wird dem Publikum nach dem Podiumsgespräch die Möglichkeit gegeben, Fragen zu stellen. Für diesen Teil kann es hilfreich sein, eine zusätzliche Moderation zu gewinnen, die ihre Konzentration während der Veranstaltung ganz auf das Publikum richten und die inhaltliche Moderation ablösen kann.

Mehr Raum für Interaktion lässt sich durch verschiedene Elemente einbauen: Stimmen Sie das Publikum auf die Thematik ein, indem Sie die Sitznachbar*innen mit einer Frage ins Gespräch bringen. Verlegen Sie die Kaffeepause in die Mitte der Veranstaltung – oder organisieren Sie diese am Ende als World-Café, in dem die Referent*innen in kleineren Runden mit den Anwesenden ins Gespräch kommen können.

Tipp aus der Praxis

Um zu lange Wortbeiträge aus dem Publikum zu vermeiden, können Sie Fragen schriftlich stellen lassen und durch ausgewählte Teilnehmer*innen („Stellvertreter*innen des Publikums") an die Podiumsgäste weitergeben. Dafür brauchen Sie Freiwillige, die Fragen aus dem Publikum einsammeln und den „Stellvertreter*innen des Publikums" übergeben. Bedenken Sie, dass diese ausreichend Zeit für die Auswahl der Fragen und die thematische Einstimmung brauchen. Bringen Sie für das Publikum ausreichend Papier und Stifte mit, die Sie z. B. auf den Stühlen mit dem Informationsmaterial auslegen, sodass jede*r Besucher*in sie gleich parat hat.

Sicherheit

Das Privileg, sich keine Gedanken über besondere Sicherheitsvorkehrungen zu machen, haben wir nicht. Überlegen Sie bei der Planung, ob nur angemeldete Gäste Zutritt bekommen und wie Sie mit spontanen Besucher*innen oder Störungen Ihrer Veranstaltung umgehen.

Bitten Sie die Polizei im Vorfeld um eine Einschätzung der Gefahrenlage. Die Polizei wird sich in der Regel nach eigenen Recherchen bei Ihnen zurückmelden und dann nach eigenem Ermessen Dienstkräfte zu Ihrer Veranstaltung senden oder in regelmäßigen Abständen mit einem Funkwagen am Veranstaltungsort sein. Sie können auch um eine direkte Telefonnummer zur verantwortlichen Schichtleitung der Polizei bitten, um im Bedarfsfall schneller direkt kommunizieren zu können.

Bei privaten Sicherheitskräften ist eine Recherche vorab unabdingbar. Wählen Sie sorgfältig aus, wem Sie die Sicherheit Ihrer Teilnehmer*innen anvertrauen.

Tipp aus der Praxis

Sollten unter Ihren Gästen *schutzwürdige* Personen sein, wird sich der Personenschutz bei Ihnen melden und genauere Informationen zur Veranstaltung und zur Örtlichkeit erfragen, die Sie mit den Verantwortlichen des Veranstaltungsortes gemeinsam zusammenstellen können.

Denken Sie unbedingt daran, alle Sicherheitskräfte voneinander in Kenntnis zu setzen.

Öffentlichkeitsarbeit
Überlegen Sie sich genau, ob Sie für Ihre Veranstaltung Öffentlichkeit möchten. Manche Formate und Begegnungen bedürfen eines Safe Space, eines geschützten Raums, um offene Gespräche zu ermöglichen. Sie können auch mit Ergebnissen Ihrer Arbeit die Öffentlichkeit einbeziehen.

Laden Sie Ihr Netzwerk, Ihre Partner*innen per Mail und Newsletter gezielt zur Veranstaltung ein. Informieren Sie lokale und ggf. auch überregionale Medien und Veranstaltungskalender über Ihre Veranstaltung und laden Sie Medienvertreter*innen, freie Journalist*innen und Blogger*innen ein. Nutzen Sie Ihre Webseite und Ihre Social-Media-Kanäle, um Ihre Veranstaltung anzukündigen.

Entscheiden Sie möglichst früh, ob und wie Sie die Veranstaltung dokumentieren möchten. Streamen Sie diese live, um ein größeres Publikum zu erreichen? Begleitet ein*e Fotograf*in die Veranstaltung? Werden Ton- oder Bildaufnahmen gemacht? Zeichnen Sie die Veranstaltung auf, um sie z. B. später auf Ihrer Webseite oder Ihrem YouTube-Kanal zu veröffentlichen? Besprechen Sie alle Maßnahmen vorab mit einer*m Datenschutzbeauftragten. Beachten Sie unbedingt, dass Sie die Referent*innen und das Publikum vor Beginn der Veranstaltung darüber informieren müssen. Weisen Sie bereits in der Einladung und auf Aushängen im Veranstaltungsraum auf Aufnahmen hin und erinnern Sie während der Begrüßung daran.

Tipp aus der Praxis

Nicht jede*r möchte bei einer jüdisch-muslimischen Veranstaltung gefilmt oder fotografiert werden – und dafür gibt es nachvollziehbare Gründe. Mit Ihrer Veranstaltung wollen Sie aber neben der Schaffung von Öffentlichkeit womöglich gerade auch Jüd*innen und Muslim*innen Ihrer Region ansprechen, die sonst wenig Gelegenheiten haben, sich mit diesen sie betreffenden Themen auseinanderzusetzen und Anschluss zu finden.

Schaffen Sie Möglichkeiten, dass alle teilnehmen können. Weisen Sie z. B. Ecken aus, welche nicht gefilmt werden, oder lassen Sie die Kamera generell nur auf das Podium ausrichten. Auf diese Weise ermöglichen Sie eine breitere Teilhabe für potenzielle Mitstreiter*innen!

Machen Sie die Ergebnisse Ihrer Veranstaltung sichtbar: Veröffentlichen Sie einige Tage danach einen Blogbeitrag auf Ihrer

Webseite, stellen Sie die wichtigsten Ergebnisse des Abends in Ihrem nächsten Newsletter vor oder veröffentlichen Sie auf Ihren Social-Media-Kanälen eine kurze Zusammenfassung des Abends mit einigen Fotos und pointierten Zitaten. So erreichen Sie auch die Menschen, die nicht zu Ihrer Veranstaltung kommen konnten, sich aber für Ihr Projekt, das Thema der Veranstaltung oder die Referent*innen interessieren.

Mit der nachträglichen Veröffentlichung von Beiträgen zur Veranstaltungen tragen Sie maßgeblich zur Nachhaltigkeit Ihres Projektes bei.

Nachbereitung und Nachhaltigkeit

Überlegungen zur Nachhaltigkeit gehören in die Anfangsphase eines jeden Projekts. Führen Sie sich mit Ihren Mitstreiter*innen vor Augen, welche kurz-, mittel- und langfristigen Ziele Sie verfolgen, inwieweit sich diese eventuell im Laufe des Prozesses verändern und wie Sie Ihren bisherigen Erfolg im Vergleich dazu bewerten.

- Haben Sie die anfangs festgelegten Themen besprochen? Erreichten Sie die von Ihnen anvisierte(n) Zielgruppe(n)? Falls nicht: Wie könnten Sie dies in Zukunft bewerkstelligen?
- Konnten Sie die Vielfalt von identitätsstiftenden Merkmalen und religiösen Strömungen bzw. nicht-religiöser Zugehörigkeit abbilden?
- Welches Feedback haben Sie von Teilnehmer*innen/Besucher*innen Ihrer Veranstaltung erhalten? Was bedeutet das für Ihren Arbeitsprozess?
- Welche Fragen stellen sich für die Weiterentwicklung des Projekts?

Nicht nur die Ergebnisse öffentlicher Veranstaltungen können Sie wie zuvor beschrieben nachhaltig festhalten. Holen Sie Zitate Ihrer Teilnehmer*innen ein, die Sie für die Öffentlichkeitsarbeit nutzen. Unterschätzen Sie dabei die Wirkung von Stimmungsbildern nicht. Bitten Sie um kurze Berichte über Highlights – etwa die hitzigsten Diskussionen, Best Practices und allgemeine „Aha-Momente". Sie können diese für eine Broschüre oder eine Publikation verwenden, in der Sie Ergebnisse Ihrer Arbeit dokumentieren und für Institutionen und Akteur*innen im Feld zugänglich machen.

Last but not least: Machen Sie Ihre Teilnehmer*innen zu Mitstreiter*innen für eine breite Netzwerkarbeit. Nutzen Sie deren vielfältige Expertise – sie sind wertvolle Verbündete in dem so wichtigen Bestreben, ehrliche Beziehungen zur Stärkung einer pluralistischen, diversen und gerechteren Gesellschaft aufzubauen.

Nachwort: Karov-Qareeb. Oder warum wir jetzt mehr Schlagweite brauchen!

Von Prof. Dr. Frederek Musall

„Float like a butterfly, sting like a bee!"
Muhammad Ali

Schlagweite statt Kuschelkurs

Neuer Beitrag, neue Metapher. So weit, so gewöhnlich, zumindest für mich. Allerdings ist das in der Vergangenheit nicht immer glattgegangen: Als ich beispielsweise im Rahmen der Publikation des Ernst Ludwig Ehrlich Studienwerks „Weil ich hier leben will ..." mittels einer aus einem Hip-Hop-Song entnommenen Metapher mein Verständnis und meine Vision des Studienwerks erörterte, verleitete dies einen Rezensenten zu dem Schluss, es ging mir lediglich um mehr Hip-Hop bei ELES. Nicht, dass ich etwas dagegen hätte, mehr Beat und Flow, Freestyling und Punchlines können nie schaden, auch einem Studienwerk nicht – nur entsprach dies nicht meiner eigentlichen Absicht ...

Dass sich Metaphern und Denkbilder nicht immer unmittelbar erschließen lassen, liegt an der assoziativen Natur der Übertragung von einem Bedeutungszusammenhang auf einen anderen. Ferner sind sie oftmals semantisch konnotiert, d. h. was wir folglich genau unter dieser Metapher und jenem Denkbild verstehen, ist eine Frage von Kontext und Perspektive. So auch bei „Schlagweite". Je nach Sportart kann es etwas völlig anderes bedeuten: Beim Schwimmen meint Schlagweite die Distanz des Schwimmenden zum Anschlagpunkt. Beim Golfen versteht man unter Schlagweite die Fähigkeit, den Ball möglichst weit weg zu dreschen (wenngleich Golfer*innen das vermutlich eleganter formulieren würden). Ich denke bei Schlagweite zuerst ans Boxen. Ja: Boxen, ein Ali-versus-Foreman-Rumble-the-Jungle-Rocky-Balboa-1-Million-Dollar-Baby-Eye-of-the-Tiger-Boxen! Vermutlich irritiert es, ein Dialogprojekt mit einer martialisch aufgeladenen Metapher zu denken: Boxen ist oberflächlich betrachtet schließlich alles andere als ein Dialog. Doch beim Boxen wie bei den meisten traditionell geprägten Kampfsportarten geht es nicht primär ums Gewinnen oder Verlieren. Vielmehr geht es um eine intensive Auseinandersetzung mit dem Gegenüber, aber auch mit sich selbst. Es geht um ein Sich-in-Beziehung-Setzen durch Überwinden eigener Grenzen und Ängste.

Und so stellt sich in diesem Zusammenhang die Frage, ob jedweder Dialog wirklich als automatisch gescheitert betrachtet werden muss, sobald die Fäuste sprechen und der gezielte Knockout des Gegners gesucht wird; vielleicht markiert das manchmal den Ausgangspunkt oder Beginn eines Dialoges durch ein offensives gegenseitiges Abtasten ...

Manchmal ist die Assoziation halt schneller als die Reflexion, aber getriggert hat mich der programmatische Name: Karov-Qareeb ließe sich auf Deutsch wortwörtlich mit „Nah-nah" übersetzen, was ganz klar eine Nähe von Jüd*innen und Muslim*innen suggerieren soll, so wie sich das Hebräische „karov" und das Arabische „qareeb" auf die gemeinsame semitische Wurzel q-r-b zurückführen lassen. Aber sich nahe zu sein, ob suggeriert oder tatsächlich, mündet nicht selten auch in Umklammerungen und Übergriffigkeiten, lässt wenig Raum zum Atmen, schränkt die Bewegungsfreiheit ein.

Nähe braucht also Distanz, wie Distanz umgekehrt Nähe braucht. Denn so wie distanzlose Nähe eine*n erdrücken kann, so raubt eine unnahbare Distanz eine*m auch die letzten Hoffnungen auf Nah- und Erreichbarkeit. Was es folglich in jeder religiös-weltanschaulichen Begegnung fruchtbar zu machen gilt, ist nicht ein bestimmtes Moment von Beziehung oder Erfahrung zu akzentuieren, sondern sich bewusst dem dialektischen Verhältnis von Nähe und Distanz, dem Verbindenden und dem Trennenden, dem Vertrauten und dem Fremden, der Gewissheit und der Ungewissheit zu stellen. Religiös-weltanschauliche Beziehung und Begegnung brauchen die Dynamik und Flexibilität, sowohl in die Nähe als auch in die Distanz gehen zu können, vielleicht das Gegenüber auch manchmal auf Distanz zu halten. Sie brauchen definitiv Schlagweite.

Ich halte dies für fundamental wichtig, damit ein jüdisch-muslimischer Dialog auf Augenhöhe gelingen kann. Zwar ist Karov-Qareeb keine Boxveranstaltung, aber es soll im Gegensatz zu vielen anderen Dialogformaten ja auch kein Kuschelkurs sein. Dies haben Jo Frank und Hakan Tosuner, Geschäftsführer des Ernst Ludwig Ehrlich Studienwerks und des Avicenna-Studienwerks, wiederholt betont. Das in dem Namen Karov-Qareeb Suggerierte sollte daher nicht als konstatierter Ist-Zustand verstanden werden, sondern vielmehr als Fragestellung und Hypothese, die es zu erarbeiten und auszuhandeln gilt. In gemeinsamen Auseinandersetzungen und Verständigungsprozessen, die vermutlich nicht immer reibungslos und ohne sprichwörtliche blaue Augen ablaufen werden. Womit ich wieder, mich in den eigenen Assoziationshorizont verbeißend, beim Boxen gelandet bin.

Boxen zeugt von der Bereitschaft und dem Mut, in eine Konfrontation auf begrenztem Raum zu gehen; sich einer Herausforderung zu stellen, deren Ausgang völlig ungewiss ist. Nicht zuletzt darum erfordert Boxen eine anstrengende physische und mentale Arbeit an sich selbst. Etwas, das man, bezogen auf die dialogische Erfahrung, als Fähigkeit zur kritischen Selbstrefle-

Prof. Dr. Frederek Musall

xion bezeichnen könnte. Ebenso fordert es dazu auf, den Gegner zu studieren, sich mit dessen Stärken und Schwächen auseinanderzusetzten; ihn oder sie ernst zu nehmen. Und was schließlich genauso wichtig ist: Boxsport hat klare Regeln – keine Tiefschläge, keinen Schlag aus dem Hinterhalt, kein Nachschlagen, wenn der Gegner am Boden liegt. Regeln, die eigentlich nicht ausgesprochen werden müssen, die jede*r Boxende verinnerlicht hat. Denn allen Provokationen, Drohkulissen und Selbstüberhöhungen im Vorfeld eines Kampfes zum Trotz: Am Ende geht es um sportliche Fairness und darum, einander Respekt und Anerkennung zu zollen, in den Ring gestiegen zu sein. *You get the picture!*

Komplexität statt Reduktion

Karov-Qareeb ist nicht das erste jüdisch-muslimische Dialogformat und wird sicherlich auch nicht das letzte sein. Vielmehr ist es Bestandteil einer Reihe von vergleichbaren Initiativen, welche die Dringlichkeit und Notwendigkeit verdeutlichen, dass Menschen aus beiden Communitys in ein konstruktiv-kritisches Gespräch miteinander treten. Nicht nur aufgrund der Tatsache, dass Fragen über und der Umgang mit gegenseitigen Diskriminierungserfahrungen auf der Tagesordnung stehen müssen, sondern auch weil insbesondere durch das Erstarken der neuen Rechten und ihrer politischen Strategien der Druck von außen massiv zugenommen hat. Das jüdisch-muslimische Gespräch darf sich nicht in vordefinierte Ecken zurückziehen, sondern sollte und muss entsprechend selbstbestimmt und vernehmbar auf unterschiedlichen Ebenen geführt werden: institutionell und aktivistisch, religiös-weltanschaulich wie gesellschaftspolitisch.

Was Karov-Qareeb in diesem Zusammenhang besonders macht, ist die Zusammensetzung der Mitwirkenden, nämlich die Stipendiat*innen des jüdischen Ernst Ludwig Ehrlich Studienwerks, des muslimischen Avicenna-Studienwerks und aller vom Bundesministerium für Bildung und Forschung finanzierten Begabtenförderwerke. Junge Menschen also, die in Zukunft als Multiplikator*innen und Impulsgebende maßgeblich prägen werden, wie wir hierzulande eine plurale und offene Gesellschaft verstehen, entwerfen und gestalten. Ihre Sicht- und Hörbarkeit, gerade in ihren Mehrdeutigkeiten und Polyphonien, ist unverzichtbar, damit sich ein selbstbestimmtes und teilhabendes plurales Miteinander in Deutschland verwirklichen und entfalten kann.

Diesbezüglich kann durchaus entlastend und entspannend wirken, dass die Teilnehmenden von Karov-Qareeb nicht von vornherein auf Rollen und Positionen festgelegt sind, sie beispielsweise nicht *das* Judentum oder *den* Islam in Deutschland repräsentieren müssen – weder voreinander noch in der Öffentlichkeit.

Vielmehr stehen sie bereits im Rahmen ihrer jeweiligen Studienwerke in komplexen Diskursen und Aushandlungsprozessen bezüglich dessen, wer sie ihrem Selbstverständnis nach sind und welche Rollen sie gesellschaftlich einnehmen beziehungsweise welchen sie sich entziehen oder verweigern möchten. Jüdisch-Sein und Muslimisch-Sein in Deutschland lässt sich nicht nur auf konfessionelle Zugehörigkeiten reduzieren, sondern ist auch geprägt von konkreten historischen wie aktuellen Erfahrungen. Und eben diese unterschiedlichen Erfahrungshorizonte und Narrative bringen die Stipendiat*innen in die jeweiligen Studienwerke mit ein. Dementsprechend ist auch die Begegnung, die im Rahmen von Karov-Qareeb stattfindet, vor allem ein Aufeinandertreffen eben dieser unterschiedlichen Narrative und Erfahrungshorizonte, die verdeutlichen: *Yes, it's complicated.*

Prof. Dr. Frederek Musall

Nicht nur allein beim Ernst Ludwig Ehrlich Studienwerk, nicht nur im Rahmen vom Avicenna-Studienwerk, sondern gerade in der Begegnung zwischen Stipendiat*innen der beiden und weiterer Studienwerke. Und weil es eben kompliziert und komplex ist, weil Reduktionen und Vereindeutigungen nicht greifen und diese Situation den Stipendiat*innen aus der Erfahrung im Rahmen der eigenen Studienwerke vertraut ist, treten sie mit einer wichtigen Sensibilisierung in den gemeinsamen Austauschprozess ein.

Positionierung statt Podiumsplatz

Bei Karov-Qareeb geht es nicht um podiumsgerechte Repräsentativität. Es setzt bei den Teilnehmenden weder Expertentum noch Dialogprofessionalität voraus, die getragen werden von Gewissheiten über sich selbst und ein Wissen über den anderen. Karov-Qareeb möchte vielmehr sensibilisieren und eine Neugierde wecken, die ein gemeinsames Entdecken erlaubt, aber auch vor gegenseitigen Irritationen nicht zurückschreckt. Bei Karov-Qareeb kann und soll es entsprechend nicht darum gehen, Menschen vorab als jüdisch oder muslimisch zu kategorisieren, zu markieren, sondern sie in ihren Vielschichtigkeiten, Mehrdeutigkeiten, und ja, auch Widersprüchlichkeiten zu entdecken und anzuerkennen. Mit anderen Worten: ihren unterschiedlichen Geschichten Gehör zu verschaffen. Denn ein religiös-weltanschaulicher Dialog, der nicht die Multiperspektivität sowie die Multidirektionalität von Selbstbildern und Narrativen, Motivationen und Interessen wahrnimmt und aufgreift, vereinseitigt, reduziert, beschränkt sich selbst in seinen Handlungsmöglichkeiten. Doch was wir brauchen, ist ein religiös-weltanschaulicher Dialog, der handlungsfähig ist und Allianzbildung betreibt, um gemeinsame Ziele entwickeln, artikulieren und verfolgen zu können. Denn gerade für Angehörige religiös-weltanschaulicher Minderheiten sind Religion und Weltanschauung nicht nur Privatsache, sondern immer zugleich auch Ausdruck gesellschaftspolitischer Positionierung als Minderheit: nicht, weil sie dies selbst so anstreben würden, sondern weil die gesamtgesellschaftliche politische Situation dies momentan erforderlich macht.

Eigenakzentuierung statt Erwartungserfüllung
Selbstverständlich erhofft sich nun jede*r, dass Karov-Qareeb neue Akzente und Impulse zu setzen vermag. Aber um dies wirklich realisieren zu können, sollten die von außen herangetragenen Erwartungen zurückgeschraubt werden, damit das Programm nicht zur bloßen Projektionsfläche wird. Ich halte es dementsprechend für viel fruchtbarer und nachhaltiger, wenn Karov-Qareeb seinen eigenen Beat und Flow entwickelt und einen Raum schafft, der es den Teilnehmenden ermöglicht, sich eigene Themen zu erschließen sowie eigenständige Positionen zu formulieren: Themen und Positionen, die sich nicht an den von außen herangetragenen Erwartungshorizonten messen lassen müssen, sondern die überraschen können; Themen und Positionen, die weder institutionelle Interessen vertreten noch einseitige ideologische Bekenntnisse abverlangen müssen, weil in ihnen die Polyphonie der Teilnehmenden zum Ausdruck kommt; Themen und Positionen, die Stimmen hörbar machen, die sich nicht in der Wiederholung der ewig gleichen Phrasen bis zur Sprachlosigkeit verlieren müssen.

Momentan ist Karov-Qareeb zwar ein Experiment auf lokaler Ebene, aber es ist wünschenswert, es auch im Rahmen der anderen Regionalgruppen des Ernst Ludwig Ehrlich Studienwerks und des Avicenna-Studienwerks und darüber hinaus zu initiie-

Prof. Dr. Frederek Musall

ren. Das Interesse daran ist seitens der Stipendiat*innenschaft groß. Vor allem, weil hier auch die Möglichkeit besteht, in einen breiteren Adressatenkreis hineinzuwirken: Sind die ideellen Förderungen der Studienwerke im Allgemeinen exklusiv auf die Stipendiat*innenschaft beschränkt, steht die Teilnahme an Veranstaltungen von Karov-Qareeb auch anderen Interessierten offen. Karov-Qareeb wirkt also diskursiv multiplikatorisch und vernetzend in die Breite der Studierendenschaft hinein. Darin bestehen die besondere Stärke und Chance des Programms.

Allen eigenen, nicht zurückgehaltenen Erwartungen und Projektionen zum Trotz hoffe ich aber vor allem eines, nämlich dass die Teilnehmenden von Karov-Qareeb die Sache mit der Schlagweite beherzigen: weil man eben nur durch die richtige Schlagweite die nötige Durchschlagskraft entfalten kann! Nähe und Distanz, ein dynamisches In-Bewegung-Bleiben, denn religiös-weltanschauliche Begegnungen sind schließlich weder Kuschelkurs noch Nahtanzveranstaltung. Und ja, vielleicht lassen sich Kraft und Perspektive für die eigene Arbeit gerade aus Metaphern und Denkbildern ziehen, die aus einem völlig anderen Bedeutungszusammenhang stammen. Man muss also in Sachen Dialog und Begegnung nicht immer mit Martin Buber, Leo Baeck oder Emmanuel Lévinas kommen, das tun andere schon. Denn seien wir ehrlich: Nur wenige haben je so viel von der praktischen Umsetzung von Schlagweite und Beat & Flow verstanden wie Muhammad Ali, der schon der „Greatest" war, bevor sich andere als GOAT (*greatest of all time*) inszenierten.

Autor*innen

Rachel de Boor (*1987) ist die Koordinatorin des jüdisch-muslimischen Thinktanks Karov-Qareeb und Projektmitarbeiterin im Programm *Dialogperspektiven. Religionen und Weltanschauungen im Gespräch.* Sie studierte Religionswissenschaften und Jüdische Studien in Potsdam, Jerusalem und New York (USA) mit dem Schwerpunkt auf Hebräisch, Genderfragestellungen und alternativen Traditionen (M. A.). Während ihres Studiums beteiligte sie sich am Aufbau innerjüdischer Initiativen, z. B. *Hillel Germany, Marom Berlin* und *Rainbow Jews.* Als Teilnehmerin und Referentin nimmt sie an verschiedenen Dialogformaten, Workshops und Seminaren im interreligiösen, religiös-weltanschaulichen und interkulturellen Bereich teil und begleitet Reisen nach Israel. Sie ist Mitglied des Steering Commitee des *International Abrahamitic Forum.*

Jo Frank (*1982) ist seit 2009 Geschäftsführer des Ernst Ludwig Ehrlich Studienwerks sowie der Director of Development der Leo Baeck Foundation und Projektleiter der Programme *DialoguePerspectives. Discussing Religions and Worldviews, DAGESH. Jüdische Kunst im Kontext* und *Karov-Qareeb.* Er ist in Southend-on-Sea (GB), Kiel und Heidelberg aufgewachsen. An der Humboldt-Universität zu Berlin studierte er Anglistik und Amerikanistik sowie Holocaust Communication am Touro College Berlin. Jo Frank ist Mitbegründer und Lektor des Verlagshaus Berlin sowie des „Ensemble Zeitkunst" und Mitinitiator des künstlerischen deutsch-israelischen Austauschs „Alltag". Er arbeitet zudem als multilingualer Autor und Übersetzer.

Prof. Dr. Frederek Musall

Cecilia Haendler (*1988) wurde in Florenz (IT) geboren und absolvierte ihr Studium der Judaistik an der Freien Universität Berlin. Mit Unterstützung des Ernst Ludwig Ehrlich Studienwerks promoviert sie zur geschlechtsspezifischen metaphorischen Sprache in rabbinischer-tannaitischer Literatur an der FU Berlin. Sie initiierte gemeinsam mit ihrem Mann Yair den monatlichen *Hillel-Tora-Lesekreis* in Berlin und das Projekt *Tora on Tour*, wodurch jungen, jüdischen und nicht-jüdischen Menschen eine offene Lesung der Tora mit Gruppendiskussionen ermöglicht wird.

Liora Jaffe (*1991) wurde in Kalifornien (USA) geboren und studierte Soziologie an der University of California, Berkeley, bevor sie nach Deutschland zog und ihren Master in Interdisziplinären Public und Non-Profit Studien erwarb. Als aktives Mitglied der jüdischen Community in Berlin war sie viele Jahre im Vorstand von Studentim, einer jüdischen Studierendeninitiative, aktiv. Darüber hinaus ist sie im interreligiösen Dialog aktiv, sowohl als ehemalige Teilnehmerin im Programm *Dialogperspektiven. Religionen und Weltanschauungen im Gespräch* und der *Muslim Jewish Interfaith Coalition* (MJIC). Sie moderierte auch den interreligiösen runden Tisch, der vom Café Abraham, einem christlich-muslimisch-jüdischen Projekt, veranstaltet wurde.

Hani Mohseni (*1996) ist Stipendiat des Avicenna-Studienwerks und als Sohn afghanischer Eltern in München geboren und aufgewachsen. Er studierte Philosophie, Logik und Wissenschaftstheorie an der Ludwig-Maximilians-Universität München und der Cambridge University (GB). Als Muslim hat er durch gemeinsame Seminare des Avicenna-Studienwerks und Ernst Ludwig Ehrlich Studienwerks sowie dem Programm *Dialogper-*

spektiven. Religionen und Weltanschauungen im Gespräch erstmals junge Jüd*innen und ihre Kontroversen kennengelernt. Mittlerweile engagiert er sich auch regional für jüdisch-muslimische Begegnungen.

Prof. Dr. Frederek Musall (*1973) ist Professor für Jüdische Philosophie und Geistesgeschichte sowie stellvertretender Rektor an der Hochschule für Jüdische Studien in Heidelberg. Darüber hinaus leitet er als Studienkoordinator den internationalen Masterstudiengang Jewish Civilisations in Kooperation mit dem Paidea Institute in Stockholm (SWE). Er ist stellvertretender Vorsitzender des Beirats des Ernst Ludwig Ehrlich Studienwerks sowie konzeptionell und als Arbeitsgruppenleiter bei dem Programm *Dialogperspektiven. Religionen und Weltanschauungen im Gespräch* dabei. In seiner Forschung beschäftigt sich Musall u. a. mit Jüdischer Philosophie, insbesondere in ihren Beziehungen zu arabisch-islamischem Denken sowie modernem rabbinischen Denken und jüdischer Gegenwartskultur. Musall ist u. a. wissenschaftliches Beiratsmitglied des Instituts für Islamische Studien (IFIS) in Mannheim. Maßgeblich gestaltet er jüdisch-muslimische Initiativen mit, wie z. B. als Mitinitiator der Jüdisch-Muslimischen Kulturtage Heidelberg, des Podcasts „Mekka und Jerusalem", als Teilnehmer des Jüdisch-Muslimischen Gesprächskreis der W. Michael Blumenthal Akademie des Jüdischen Museums Berlin und in beratender Funktion für den Thinktank Karov-Qareeb.

Sonya Ouertani (*1992) übernahm die Konzeption und Koordination für die Handreichung zu jüdisch-muslimischen Allianzen des Thinktanks Karov-Qareeb. Ihr Studium der Politik- und Verwaltungswissenschaft absolvierte sie an der Universität

Autor*innen

Konstanz, Sciences Po Paris (FRA) und University of Waterloo (CAN). Ihr Masterstudium wurde vom Avicenna-Studienwerk gefördert. Seit mehreren Jahren ist sie aktivistisch, bildungspädagogisch, wissenschaftlich und in gesellschaftspolitischen Debatten zu innermuslimischen Themen und jüdisch-muslimischen Begegnungen engagiert.

Gil Shohat (*1988) ist als Sohn israelischer Eltern in Bonn aufgewachsen. Er hat von 2010 bis 2017 Geschichte, Politikwissenschaft und Philosophie an der Humboldt-Universität zu Berlin, Ludwig-Maximilians-Universität München und University of Exeter (GB) studiert. Seit April 2017 ist er Doktorand am Institut für Geschichtswissenschaft der HU Berlin. Sein Dissertationsprojekt zu antikolonialem Aktivismus im London der 1930er bis 1960er Jahre wird vom Ernst Ludwig Ehrlich Studienwerk gefördert. Er beschäftigt sich zudem regelmäßig journalistisch mit Manifestationen des israelisch-palästinensischen Konflikts in Deutschland und ist Mitglied des jüdisch-muslimischen Thinktanks Karov-Qareeb.

Hakan Tosuner (*1980) ist seit 2013 der Geschäftsführer des Avicenna-Studienwerks. Der gebürtige Hesse nahm nach einem Au-pair-Jahr in den USA sein Studium der Politik-, Rechtswissenschaften und Volkswirtschaftslehre in Frankfurt/M. auf, mit Aufenthalten in den USA und England. Schon als Teenager baute er in seiner hessischen Heimatstadt ein Bildungszentrum für sozial benachteiligte Schüler*innen mit auf und engagierte sich in der Lokalpolitik für die Belange von Minderheiten. Während seines Studiums war er jahrelang auf nationaler und internationaler Ebene in der interkulturellen und -religiösen Jugendarbeit aktiv. Nach mehrjährigen professionellen Tätigkeiten im internationalen kultur- und bildungspolitischen Sektor wie dem Deutschen Akademischen Austauschdienst (DAAD) und der Fulbright-Kommission, wo er u. a. die Diversity-Programme koordiniert hat, forschte und lehrte er zum Thema Migration und Religion in Deutschland und Europa. Außerdem ist er Diversity-Trainer und war als Tour-Guide im Jüdischen Museum Berlin tätig.

Larissa Zeigerer (*1990) wuchs im Herzen Berlin-Kreuzbergs auf und setzte sich schon früh mit interreligiösen und weltanschaulichen Fragestellungen auseinander. Sie absolvierte einen Doppel-Bachelor in Interkultureller Germanistik an der Europa Universität Viadrina (Frankfurt/Oder) und der Adam Mickiewicz Universität in Poznań (PL), wo sie nicht nur die polnische Sprache und Übersetzung erlernte, sondern sich mit Sprachen, Kulturen, Literatur und Verflechtungsgeschichte(n) Mitteleuropas beschäftigte. Ihren Master schloss sie an der Humboldt-Universität zu Berlin in Religion und Kultur mit Schwerpunkten in Religionsgeschichte, -soziologie sowie Öffentlichkeit im Hinblick auf Judentum und Islam in Deutschland und Europa ab. Dabei beschäftigte sie sich auch mit der Exegese religiöser Texte und forschte zu Repräsentationen von Jüd*innen und Muslim*innen in jüdisch-muslimischen Dialogformaten. Während des Masterstudiums wurde sie vom Avicenna-Studienwerk gefördert und wirkte als Referentin bei verschiedenen internationalen *interfaith*-Versammlungen mit. Larissa arbeitet als Workshopleiterin in der interreligiösen Jugendarbeit und bildet Pädagog*innen weiter.